请停止
无效社交

关键性关系助你收割海量社交红利

李小墨 著

NONEFFECTIVE SOCIALIZING

湖南文艺出版社
HUNAN LITERATURE AND ART PUBLISHING HOUSE

博集天卷
CS-BOOKY

图书在版编目（CIP）数据

请停止无效社交 / 李小墨著. —长沙：湖南文艺
出版社，2017.11
ISBN 978-7-5404-6098-3

Ⅰ.①请… Ⅱ.①李… Ⅲ.①人际关系—通俗读物
Ⅳ.①C912.11-49

中国版本图书馆CIP数据核字（2017）第236119号

上架建议：成功·励志

QING TINGZHI WUXIAO SHEJIAO
请停止无效社交

作　　者：李小墨
出 版 人：曾赛丰
责任编辑：薛　健　刘诗哲
监　　制：于向勇　秦　青
选题策划：蓝色城
策划编辑：康晓硕
营销编辑：刘晓晨　罗　昕　刘　迪
封面设计：胡椒设计
内文排版：麦莫瑞
出版发行：湖南文艺出版社
　　　　　（长沙市雨花区东二环一段508号　邮编：410014）
网　　址：www.hnwy.net
印　　刷：三河市中晟雅豪印务有限公司
经　　销：新华书店
开　　本：700mm×995mm　1/16
字　　数：153千字
印　　张：16.5
版　　次：2017年11月第1版
印　　次：2017年11月第1次印刷
书　　号：ISBN 978-7-5404-6098-3
定　　价：36.80元

质量监督电话：010-59096394
团购电话：010-59320018

CONTENTS 目录

如何成为一个受欢迎的人?

第三章
Chapter 03

在人际交往中，同样是相遇，为什么有些被飞快地遗忘，有些却能发展成真正的友谊？同样是沟通，为什么有的人能让冲突的双方迅速取得共识，有的人却能把最安全的话题演变成剑拔弩张的争吵？

这正是本书试图去回答的两个问题，说得抽象一点，可以概括为：如何有效地社交？如何进行良好的沟通？

01

都说越努力的人会越幸运，可是方法不对，所有扩展交际圈的努力都会变成无效社交；都说沟通只要一颗真心就可以了，可是不注意技巧，就连爱到可以为对方付出一切的夫妻，也会因为不恰当的沟通方式，最终形同陌路。

一直觉得我们应该有一门专门教授人际交往的课程，可是很遗憾，对于人际交往，我们要么在跌跌撞撞中独自摸索，要么参考他人似是而非的经验之谈，始终没有太可靠的知识可用来学习。

更糟糕的是，很多人对人际交往有一些根深蒂固的误解和偏见。

有的人把讨好逢迎奉为社交和沟通能力的要义，以为会来事、会讨好、长袖善舞的人，就是社交和沟通高手。可是真诚、坦率、忠于本心、不卑不亢的人，难道就不能成为社交和沟通高手吗？

有的人认为社交和沟通不需要技巧，只要一颗真心就够了。他们听不进技巧与方法，并且对社交技巧有着不可思议的偏见，甚至不断地泼脏水，把它们和不真诚、有心机、虚伪世故画上等号。这实在是低估了沟通的复杂程度和重要程度，所以才会出现那么多把低情商当坦率、把不顾及他人感受当成耿直的人。

还有的人把社交和沟通技巧简单地理解为嘴上功夫，可是嘴皮子利索、能说会道的人就一定是沟通高手吗？当然不是。一个能言善辩，但始终要在言语上胜过别人的人，恐怕会成为圈子里最不受欢迎的家伙。

人们对人际沟通有太多狭隘的认知。

一定存在一种更高级、更舒服也更有效的社会交往和人际沟通方式！

本书做的一切努力，就是为了让那些在不顺利的社交、不顺畅的沟通中挣扎的人意识到这一点。

建立社交圈的时候，你完全用不着拿热脸去贴冷屁股，就可以用更得体、更有尊严的方式赢得高质量的人脉。

维护人际关系的时候，你完全可以选择一种既不用违背本心、降低人格去刻意讨好，又让人觉得舒服、容易接受的社交风格。

出现分歧的时候，你完全可以选择一种既不引起对方对抗情绪，又清晰地表达自己的观点和意愿的表达方式。

激烈、不友好的情绪干扰沟通的时候，除了和对方一起陷入情绪的沼泽之外，你完全可以控制自己不被情绪牵着鼻子走，并及时地安抚对方的情绪，不让对话因为情绪而脱离正轨。

坦率真诚并不是口不择言、痛戳人短的借口和挡箭牌，你完全可以选择一种让自己和他人都不受言语伤害的说话方式。真正的坦率应该是富有同理心、顾及他人感受的。

....

这本书是写给那些因为情商低、社交低效、沟通能力差而让生活陷入困境、内心遭受痛苦，却搞不清楚到底出了什么问题的人；是写给那些有意愿摆脱社交不顺利、沟通不顺畅的处境，却不知道具体如何去改善的人；是写给那些想纠正伴侣或其他身边人不良沟通习惯，却不知道如何有效影响和改变他人行为的人。

03

人际交往能力是包含社会交往、情商素养、性格魅力、冲突解决、语言表达等能力在内的综合能力。

我相信，受人欢迎、相处起来让人舒服是一件可以学习的事情，社交也好，沟通也好，都是一种可以习得的能力。

一本书能带来观念的改变，但它真的能赋予一个人某种能力吗？

面临改变的时候，很多人喜欢拿那句万能金句当挡箭牌——我听过很多道理，依然过不好这一生。可是我认为，听过很多道理却过不好这一生，不是因为你知道得太多，而是因为你知道得还不够多、不够透。

我一直相信，行为的改变是从观念的改变开始的，深入透彻地了解一件事，内心真正开始信服一件事，才会认真地把它付诸行动。

认知升级带来能力发育，想要真正掌握一种更高级的沟通方式，我们要知其然，还要知其所以然。

所以，有关社交沟通的秘密，希望你能在这本书中找到答案。

Chapter 01

第一章

你所谓的社交有用吗?

请停止无效社交
——你的社交只有数量，没有质量

01

毕业季，一个男生在微信后台问我："老师，怎么样才能认识那些很厉害的人？"他刚进入一个行业，急于结识行业大咖。

我说："多跟他们交流，多向他们学习。"

他有点泄气地说："我向他们请教问题，想方设法地靠近他们。这些老师大多都很亲切，可是不管我多主动，最后还是我认识他们，他们不认识我。"

"你的履历有什么比较亮眼的地方吗？"我直白地问他。

"我挺普通的，所以我才特别想认识厉害的人啊。"

话说到这里，我就明白了：认识大咖牛人容易，让牛人大咖来认识你却很难。这个男生，一无亮眼代表作品，二无可靠平台背书，想要认识牛人大咖，难上加难。对方亲切，是因对方的涵养，但那只是接待粉丝和仰慕者的客气，不代表会接纳你作为朋友圈的一员。

是否有愿意提携后辈的行业大咖呢？当然有。但前提是你的才华有作品为载体，你的优秀即使没有变成名气和成绩，至少也已经是可见的潜力。

比如萧红和鲁迅的关系。成名前的萧红，只是文坛一个边缘化的小人物，而鲁迅已是久负盛名、举足轻重的文坛大佬。他的朋友圈里有蔡元培、胡适、章太炎、陈寅恪……随便拎一个出来都如雷贯耳。

那她凭什么进入鲁迅的圈子，凭什么成为鲁迅家中常客？鲁迅为什么愿意替她背书，介绍她进入文坛？还高度评价她是"当今中国最有前途的女作家"？

因为她的才华和灵气，因为她充满力量的文字，因为她可以和鲁迅先生平等地交流文学和思想。

结识很厉害的人的方法很简单，那就是成为很厉害的人。

仰望一个很厉害的人，你最多聊天时多一个"我认识某某某"的炫耀资本，成为他们中的一员，才算真正意义地进入他们的圈子。

我想起了朋友说的一件尴尬事。朋友有一个大咖云集的微信群，里面的人不是自媒体大咖，就是畅销书作家，大家互相帮忙，相处融洽。

后来，不知道谁把一个新人拉进了群，可能是见到群里那些名字太兴奋，她把每个人的微信添加了一遍，没有通过好友就不死心地重复添加，大家不堪其扰。终于几个人私底下聊天吐槽，发现这个事，有个耿直的，直接就和群主（我朋友）反映了。很快她就被"请"出了群，更尴尬的是，因为她，群规里多了一条"为避免打扰，请勿随意添加群成员"。

当你的能力、地位、资源配不上你的社交野心，你所做的不过是无效社交。

02

"这是我的名片。"

"互相加一下微信吧。"

"群发一条节日祝福。"

每个人都经历过吧！

当记者时期，是我社交欲最旺盛的时候。那时的我，是一个名副其实的"社交狂"，搭讪、攀谈、交换名片、加微信、聚会……我总是穿梭在人群里不厌其烦地重复社交，心里特别有成就感。

可是很快我就发现，这是虚假的成就，我所做的根本就是无效社交。

名片存多了，再拿起来几乎没有什么印象，即使存了手机号也没有拨打过；微信添加多了，除了最初的打招呼，再无交流，朋友圈尽是陌生人，刷很久才能刷到一条熟人的状态。最初交换联系方式，当然是相信彼此有互相需要的地方，可是我和他们再无交集。显然，拿到名片，加上微信，并不是社交顺利的标志。

我突然想起了新闻报道过的一个夸张囤物癖，疯狂囤积物品数年，竟然连基本的生存空间都被挤占了，几乎所有人都觉得他是傻瓜。可是我们收集名片、狂加微信的行为，不是另一种形式的囤物癖吗？

问题到底出在哪里呢？社交并没有错，错在你的社交只有数量，没有质量。

社交的质量体现在两个方面：

一个是社交对象的质量。我们不能什么人都囊括到朋友圈里来，我们需要花时间考量，一个人是否值得继续交往，比如人品是否可靠，志趣是否相投，人生是否有交集，在某个层面是否可以互利共赢？我们不能挑选亲人，但我们可以挑选朋友。让不喜欢、不重要的人充斥朋友圈，不过是分散精力、徒增烦恼的无效社交。

另一个是交往的深度。你必须明白，交换名片和微信，只是有了蜻蜓点水的微弱联系。这只是社交的开始，而不是结果。即使你们之前有过热烈的交谈，没有后续的行动，也只是枉然。止于认识，没有跟进，想仰赖这样的关系，几乎是不可能的。

那么，交换了名片和微信后，如何把社交继续下去呢？

回忆一下你与他人的交往，你有没有发现朋友和非朋友最明显的分界线，就在于发生联系的渠道和频率？所以《别独自用餐》中有个简单有效的建议："当你要去结识他人并开始一段新的人际关系时，如果你想要对方真正认识你并且记住你，那么至少要让他通过三种不同的联系方式去看到或者听到你的名字才行。"

做到这一点，你至少可以从无感的陌生人被划到宽泛的朋友阵营，为进一步交往打好基础。可供选择的联系方式包括：他人的嘴里、面对面交流、社交软件往来、电话沟通、邮件书信等。

如果第一次是社交软件交流，第二次就打电话，第三次就见面，能有一个共同的朋友提及你，就更好了。深度交往，最终的结果一定是参与到彼此的生活中去。面对面交换名片和微信，不算真正建立联系。拿到了名片或微信的正确姿势是,不让联系方式闲置,想办法用起来。

别再当勤奋的名片收集狂、微信添加狂了,把名片和微信上的人变成真正的朋友,才是有效社交。

人脉的真相
——能力是1，人脉是后面的0

不知道从什么时候开始，人脉的作用被吹嘘得天花乱坠，人脉决定论大行其道。很多人嘴里天天念叨着人脉，却从来没想清楚过，人脉究竟是怎么回事。

关于人脉的四个真相：

真相一：每个人的社交需求是不同的

中国人喜欢把"多个朋友多条路"挂在嘴边，换句话说就是：朋友越多越好。中国人还喜欢卖力地塑造自己交友广泛的形象。炫耀朋友多成了一个社会怪现象，无论是酒桌上吹牛还是写文章卖弄道理，必言"我有个朋友如何如何"。潜在的价值观其实是：朋友多是成功的标志，朋友越多说明我混得越好，厉害的朋友越多，说明我越成功。

但是很多人却忘记问自己一个问题：我真的需要那么多朋友吗？

每个人的社交需求是不一样的。

一看职业，大部分社交网都是以工作为轴心整合起来的。

科学家和商人的社交需求是不一样的，程序员和记者的社交需求是不一样的，作家和猎头的社交需求也是不一样的。有的人天生需要活跃在社交场中，他的工作和事业要求他去编织一个复杂的社交网；有的人只需要三两好友，固定的同事和少量的工作合作就足矣。

二看性格，外向的人和内向的人对待社交的态度是截然不同的。

在这个推崇外向的世界，内向是一件很辛苦的事情，因为内向经常被视作性格缺陷。但《内向者优势》让我相信这是一种偏见，无论内向还是外向，每一种个性都很好，只是有所不同而已。内向者的优势是具有独立思考、高度集中注意力、创造性工作的毅力和能力。

我是一个内向的人，但我不是大家刻板印象里那种沉默寡言、腼腆害羞的内向，学生时期我就活泼开朗、爱说爱笑，在记者从业经历的锻炼下，我可以轻松做到随时和陌生人打开话题、短时间内取得信任，但我非常确定自己是一个内向的人。内向者和外向者最大的区别不是看起来是否外向，而是他们内在精力恢复的方式。

外向的人，他们的精力来源是外部世界——如各种各样的社交活动、形形色色的人群、不同的场合和事物。他们就像太阳能电池板，需要暴露在太阳下再次充电，性格外向的人需要到外部世界去四处活动来获得充沛的精力。

内向的人，他们的精力来自内部世界——比如独处、沉思，和少量熟悉的人相处。他们就像充电电池，需要停止花费精力，停下来休息，以便再次充电。对性格内向的人来说，刺激较小的环境才能让他们恢复精力。

所以，大量的社交可以让外向的人心情愉快、精力充沛，而对内向的人来说却是一种消耗，他们需要限制自己的社会交往，以免被弄得筋疲力尽，他们只需要简单的人际关系。

可是在推崇外向的世界里，社交能手才会被夸赞。即使是内向的人，也在拼命锻炼自己的社会交往能力，拼命让自己显得活泼外向，勉强自己加入人群、参加活动。

其实内向的人大可以停止扮演不是自己的角色，跟随自己内心的感觉。不喜欢人群和活动，就拒绝人群和活动。

就拿我来说，对记者这个职业，我喜欢它的许多方面，可是我的性格和它的属性却是割裂的，这种割裂让我精神异常疲惫。记者注定是社会交往家，可是工作之余我打心眼里排斥出席社交场合，我还讨厌花精力去编织和经营社交网络。我宁愿待在家里阅读、思考、写作，只有这样我才能得到真正的休息。这成为我后来辞职的一个重要原因。

对于社交，要追随自己内心的需求，如果社交让你快乐，你就尽快投入人群和活动；如果社交让你不快乐，你又何必没有快感却假装高潮呢？

朋友并不是越多越好，满足需要就行。不需要的、不想要的，不要去勉强，不用为了迎合这个社会的判断标准去做自己不喜欢做的事。

每个人的社交需求是不同的，职业需求是外部需求，性格需求是内部需求。活跃在社交场的人，不要嫌弃人际关系简单的人木讷愚蠢、不会来事；同样，只需要三两好友的人也不要看不惯积极社交的人，觉得对方肤浅功利。

真相二：每个人能维持的关系是有限的

心理学家乔治·米勒写过一篇著名的文章《神奇的数字

7±2》，他提出我们的大脑一次能理解的思想或概念的数量是有限的，短期记忆无法一次容纳超过7±2的记忆项目，有的人能记住9个，有的人能记住5个，超过界限就无能为力了。

乔治·米勒说的主要是智力的容量，其实我们的情感也是有容量的。

想一想你认识的人里面，哪些人的死亡会真正让你感到被击垮？

想一想你认识的人里面，哪些人到你家是可以自己开冰箱拿食物和饮料的？

想一想你认识的人里面，哪些人是每年和你互相赠送生日礼物的？

列出一份名单来，你会发现这几份名单都不长。你还会发现他们都是你平时投入关注最多的亲人、爱人和好友，你们经常见面，或者经常联系，或者互相牵肠挂肚。

这份名单还能更长吗？恐怕很难。试着想象名单增加一倍，那么你平均在每个人身上花费的时间会减半，你觉得你和每个人还能像原来那么亲近吗？

做一个人的好朋友，不仅要投入时间，还要付出许多感情，对一个人深切的关心会让人心力交瘁。我们的情感是有容量的，我们的心就那么大，分的人越多，每个人分得的就越少，就像稀释的墨水一样。最亲近的人的名单，最多在10人到15人之间的某个点，超过这个点，我们会难以承受。

那社交圈的极限是多少呢？假如你住在一个5人宿舍，你需要应对10个单独的关系，除了你和另外4个人的关系，还要加上其余四人相互之间的6组关系，你才算了解所处圈子的人际动态。

英国的人类学家邓巴认为：圈子的数量增加，意味着社交负担成倍地增加。他经过研究发现了一个数字"150"，150这个数字代表我们可以保持社交关系的人数的最大值。这种社交关系达到什么程度呢？大概就是你知道他们是谁，和你是一种什么样的关系。

其实想一想，表面上看起来社交网络极大地扩展了我们的社交圈子，可是微信上数百、数千好友中，看到头像能马上想到是谁的有几人？互相点赞、评论的有多少人？一年里能聊上几次的有几人？开口求助会爽快帮忙的朋友又有几人？

超过保持社交关系的限度，就是盲目扩展人脉。疏于培养、维护、经营关系，然后拥有无数蜻蜓点水的关系，究竟有什么意义呢？

我们能维持的关系是有限的，很多人总是忘记这一点，贪心地、想尽可能多地把别人招揽进自己的生命。可是就像吃自助餐一样，饭量是有限的，能吞到肚子里的食物是有限的，多取的食物不过是浪费罢了。

那我们应该怎么做呢？

优化社交结构，不用把太多人请进自己的生命。

第一次产生这个想法，是新京报记者刘刚邀请我加入他组建的全国记者群，刚开始是QQ群，后来是微信群。我当时在海南特区报社任职，他邀请我的时候说："就差海南的了。"原来他在有意识地优化群成员，把这个群打造成覆盖各省市及不同媒体形态的强大的同行互助联络网。

就像他不用把太多的人请进群里，我们也不用把太多的人请进自己的生命里。相比社交的数量，社交的质量更重要，试着有意识地优化自己的社交结构，把有限的精力用在最重要的社交上。

我们应该学会对关系断舍离，把一些人请出自己的生命。

断舍离的观念因为一本日本畅销书风靡全球，一般是用于生活空间的管理，但其实这个观念也可以推及关系管理。空间管理时，我们可以把多余的东西请出我们的房间；关系管理时，我们可以把一些人请出我们的生命。

学会对关系断舍离，就是不再迎合所有人，不再试图让所有人满意，不再对每段关系都紧抓不放手。学会对关系断舍离，就是放弃那些我们心里不喜欢的人，随缘地对待生命中可有可无的人，然后郑重地对待那些重要的人，那些你真正在意、真正心动的人。

亲疏有别，主次分明，维系一个简洁的关系圈子，可能我们就不会这么累了。

我们还要接受一个现实，每个人能维持的关系是有限的，可我们又在不断地认识新的朋友，不断地接触新的圈子，所以不同的人生阶段我们会有不同的交际圈，我们的交际圈就像我们的细胞一样在新陈代谢，我们身边的人会一茬一茬地换。

真相三：能力是1，人脉是1后面的0

中国社会是一个崇尚"关系"的社会，需要打官司了，不是先找律师，而是先找关系；孩子要找工作了，不是帮他一起进行职业规划，而是先找关系；生病动手术了，即使走常规看病流程没问题，也要找关系才放心。

过度崇尚关系的社会自然就催生出了"人脉决定论"。

我是坚定的人脉决定论反对者。我反感人脉决定论，觉得它误人子弟，是因为它不断在明示和暗示：对于个人发展，人脉比能力更重要。

人脉决定论也催生出一批万事俱废、一心搞人脉的人。出席各种社交场合，虽然并没多少成长和收获，但可以安慰自己"我在积累人脉"；在饭桌上觥筹交错，虽然也没谈什么正经事，但可以告诉自己"人脉以后用得上"。

他们拒绝去学习去实践，拒绝提升自身的能力和价值，因为他们认为"经营人脉"才是聪明人的选择。"积累人脉是最重要的"似乎成了拒绝努力最好用的挡箭牌。可是等着他们的将是既没能力又没价值的无望人生，"经营人脉"成了他们无望人生的遮羞布。

当人们盲目追求人脉的时候，其实是在疯狂追求捷径。从别人身上借力，是他们找到的捷径。他们不想辛苦爬楼梯，只想坐着电梯扶摇直上。

可是人脉这件事恰恰是走不了捷径的。人脉发挥作用是需要能力和实力打底的，企图跳过自身能力积累，借由人脉一步登天是不可能的。

有能力，人脉才能发挥作用。

当然了，我们说的能力，并不总是指金光闪闪的才华，或者各种可调配的资源，有时候只是一种让别人放心把事情交给你的能力，比如值得信任的人品和靠谱的执行力，答应的事情一定会做到，被托付的任务一定会滴水不漏地完成。

现在我们假设一个最好的情形，那些能帮助你的人慷慨地要给你机会，给你资源，给你平台。可是如果你自身能力不济，机会来了你能抓住吗？给你一个令人艳羡的职位，你能胜任吗？提供一个不错的生意机会，你有资金入伙吗？交给你一个锻炼人但压力很大的任务，你能靠谱地完成吗？如果第一次提供机会的时候，你的表现让人极其失望，那机会还会第二次来敲门吗？实力不济，贵人想帮助，也爱莫能助。如果你是背靠父母人脉的二代，那就是扶不起的阿斗，空消耗父母的人脉而已。

人脉的扩展常常是通过互相介绍、互相牵线来完成的。真实的情形是，如果你是一个能力不扎实、业务能力很水、人品也不靠谱的人，你的朋友甚至羞于把你介绍给他人，因为你是一个拿不出手的朋友。

我们不能否认人脉的作用。但对于个人发展，能力是1，人脉及其他是这个1后面的0。没有1，后面的0毫无意义；有了前面的1，后面的0可以让1的威力成倍地增长。

没有能力，人脉是无源之水，无本之木，因为没有匹配的实力，人脉发挥不了作用。而有扎实的能力做底，人脉才会像金手指一样发挥作用。

有了能力，人脉才能发挥作用。更重要的是，有了能力，你才能赢得人脉。

我们总是把人脉当成通往成功的捷径，可是人脉其实是一个随着成长而水到渠成的结果。我们是先成为优秀的人才获得跻身一个优秀圈子的资格，还是先跻身优秀的圈子，再成为一个优秀的人？

当你有一个出众或稀缺的能力，且你的能力借由作品、成绩被认可的时候，你想要的高质量的、有效的人脉就会破门而入。你有用并且被需要的时候，人脉会来找你。

我以前一直以为出书是一件特别遥远的事，在图书出版界我也没有任何人脉可言。可是当我的文章被各个平台转载，我的写作得到一定范围的认可之后，前前后后有五六个图书编辑找我谈出版合作。

当你能力平庸，苦心去扩展人脉，你是最想认识别人的人，同时也是别人最不想认识的人。你认识的人越多，只不过让越多的人知道你平庸且无能而已。

当你有能力但尚未显山露水的时候，你的社交成本会很高，你需要花费很多时间、很多努力才能让别人了解你。

我刚开始做公众号的时候，加了一个和我公众号定位差不多的运营者，我当时只有几十个粉丝，而他已经有两万个。但在我看来，我的文章质量、公众号运营能力并不比他差，我应该是可以和他平等交流的一个同行。但他只把我当成一个小粉丝，态度礼貌但疏离且冷淡。我挺受伤的，所以之后再无交流，心里赌气地有一种"今天你对我爱搭不理，明天我让你高攀不起"的不忿。

果然，当我的部分文章被大量转载并收获一波粉丝，同时我的公众号平均阅读量是他的两倍的时候，他反过来找我了。这次，他把我当成了一个与他旗鼓相当、值得尊重的同行。仔细聊了聊，其实他是个很不错的人。

那他当初为什么对我那么冷淡呢？甚至连看一下我文章的兴趣都没有？其实如果我是他，我也许也是差不多的态度："你谁啊？我为什么要认识你？"在你的能力没有受到一定范围的认可之前，你的社交成本是很高的。

人脉是呈现马太效应的："凡有的，还要加给他，叫他有余；没有的，连他所有的也要夺过来。"

不用急着结交人脉，当我们还不够出色的时候，不如静下心，沉下心来好好沉淀、磨炼专业技能、提高认知深度、抓住实践锻炼的机会。只要你够出众，人脉是水到渠成的结果。

真相四：用得动的才是人脉

人脉是什么意思？说白了就是有利用价值的关系。但光用得上没用，用得动的才是人脉。

当你说"我有人脉"的时候，指的就是你有一段可以利用的关系，有一个用得上且用得动的朋友。可谁也不是傻瓜，谁都不愿意被白白利用。为什么这位朋友肯帮你呢？如果不是你当下就出让利益和他交换或者他欠你人情尚未回报，那一定是因为你对他来说也是一个用得上的朋友！为什么这位朋友你用得动呢？因为你对他来说也是可用的人脉，你这位朋友希望等到他需要你的时候，他也用得动你。

有些人对于人脉最大的误解就是，认识的人多，就等于人脉广，接触了高端的人群，就以为拥有了高端人脉。生平最反感的一类人，是认识几个厉害家伙，就一厢情愿地把人家当成自己的高端人脉的人。

曾经风头无两的央视著名主持人芮成钢，2014年被检方带走调查，引发了全网对他的群嘲。最被人诟病的是他曾经公开说过的诸如"正如我一个非常好的朋友，美国前总统克林顿说的……"一类的言论。人们反感他毫不掩饰地把曾经采访过的各国政要当成炫耀资本，更反感他没有摆正自己的位置，以政要们的朋友自居。

有效人脉是基于平等的资源置换。

对芮成钢来说，与各国政要的接触是他人生的巅峰时刻，以至于他要不断地向人们强调这一点。可是对各国政要来说，他们不过是接受了一个外国记者的采访，像这样的采访对他们来说稀松平常。他们可以和芮成钢们合影、聊天，甚至保持社交往来，但永远也不会把芮成钢们当成朋友，因为芮成钢们无法给他们平等的资源置换。

即使常常被温情掩盖，但社会交往是基于互惠原则的。

电视剧《欢乐颂》里有一个容易被忘记的小角色：阿关囡。她嫉妒安迪得魏渭青睐，发黑帖污蔑安迪是小三。帖子火了，安迪也被推上了风口浪尖。

曲筱绡查出幕后黑手是自己的高中同学阿关囡。而这个阿关囡刚好一直讨好曲筱绡他们，想进入曲筱绡他们那个富二代的圈子。为了帮安迪出头，曲筱绡怎么做的？她假意邀请阿关囡和她们一起玩，然后套阿关囡的话，阿关囡信以为真，得意扬扬地透露自己抹黑安迪的过程，曲筱绡和她的朋友趁机录像并威胁阿关囡发帖澄清。

为什么曲筱绡不接纳高中同学阿关囡进入自己的圈子，却主动向安迪示好、帮安迪摆平难题呢？其实一开始曲筱绡也一样不分青红皂白污蔑安迪是小三，后来得知安迪的底细才态度大改。因为安迪可以给曲筱绡指点迷津，可以给曲筱绡介绍资源，而这些出身一般、能力平庸、品行不佳的阿关囡都给不了，所以安迪是曲筱绡珍惜的人脉，没有交换价值的阿关囡却是曲筱绡瞧不上眼的伪白富美。是的，后来的剧情走向曲筱绡、安迪姐妹情深，可温情掩盖不了互惠的社交本质。

试想一下，阿关囡如果和别人说，我认识曲筱绡，我和曲筱绡是高中同学，曲筱绡她们圈子的人我都熟。她所言非虚，可是曲筱绡是她的人脉吗？当然不是。别说阿关因不被搭理，就算被搭理估计也只有被利用的份！曲筱绡不会真心回报她，在她有需要的时候，也不会出手相助。

真相五：临时抱佛脚是没用的

"找个实习怎么这么难呢？"小秦是我大学一起上选修课的同学，眼看快大三了，她希望自己能多一点实习经历，将来找工作的时候简历好看一点。可是暑假就在眼前了，投出去的简历还没有回音，硬着头皮麻烦专业老师推荐实习单位，也没什么结果。

当她得知老师给班上几个同学早早推荐了满意的实习单位，她的心理彻底失去平衡了："只有平时巴结老师的那些人才会被推荐！"

我不明就里，也不好说什么，心想或许这几个学生就是钱理群教授说的"精致的利己主义者"，或许只是老师有偏爱，多子女家庭的父母都偏心，何况带着一大班学生的老师呢。

后来我才知道到底是怎么回事。小秦在不同场合多次表达不满，传到了当事人的耳朵里。果果就是小秦口中所谓的"巴结老师"的人,她听完肺都气炸了。她告诉我,当时老师有个研究项目缺人手,就在班上招募学生义务帮忙,需要牺牲不少课余时间,所以当时肯应征的只有他们几个。做问卷、处理数据、整理材料,埋头一干就是半个学期。

不仅是感谢他们帮忙,老师和他们处久了,互相感情都深了,找实习时,老师比他们自己还上心,结果在小秦嘴里成了"巴结老师"。而且老师也有自己的顾虑,推荐不是那么随便的事,总是优先推荐自己知根知底、踏实靠谱的学生,搞不好卖了面子又丢脸。小秦课后和老师零交流,还经常翘课,老师对她压根没印象。

我这才明白小秦为什么找不到实习,这个世界是很公平的,老师需要她的时候,平时可以交流的时候,她没影儿;等到需要推荐实习,她才想起老师。这是临时抱佛脚的社交。

我们都不喜欢临时抱佛脚的社交,不喜欢那个平时僵尸粉一样的微信朋友,上来就要我们帮忙点赞、投票、填问卷;不喜欢那个多少年不打交道的同学,要结婚收份子钱了才找你客套;不喜欢那个平时很少往来的亲戚,需要借钱才把你想起。

关系是需要培养和维护的,不是一朝一夕可以速成的,不想在过程中投入时间、精力、感情、资源,却一味索取,只想要单方获益的结果,即使能一时得逞,也不能一世得逞。

临时抱佛脚的社交不仅无效,还让人反感。因为没有人会把有求于自己才大献殷勤的人，当作真正的朋友。

太多的人急需帮忙的时候，才想起来自己需要一个人脉网。但所有成熟稳定的关系都是需要不断维护的，想要得到别人的信任和帮助，必须靠自己一点一点去积累和铺垫。

一个成熟的人应该有什么样的人际观？
——以共赢思维处理与他人的关系

社会普遍认为的成功，其实主要包括个人成就、财富积累、人际成功三个方面。对应个人成就，我们谈人生观；对应财富积累，我们谈金钱观；对应人际成功，我们也应该谈谈人际观。

人际观就是关于如何处理人际关系的基本观点。每个人都有自己的基本观点，这些观点就像深植在我们脑袋里的源代码一样，深刻影响了我们在社会交往中的行为和选择，只不过多数人没有意识到而已。

在本书展开讨论有效沟通技巧之前，我想谈谈最基本的人际观。

那么，一个成熟的人应该有什么样的人际观呢？

01 社交的本质是互惠

肯尼迪总统1961年的就职演讲有一句著名的话："不要问你的国家能为你做些什么，而要问你能为国家做些什么。"这句话套用到社交场合中最合适不过：不要问别人能为你做什么，而要问你能为别人做什么。

因为社交的本质是互惠。

社交按目的分，可以分为功利社交和共情社交。

功利社交指为了借由对方达成目的、获得利益而产生的社交，这种利益包括但不限于获得信息、赢得机会、提升地位、取得名利等。

共情社交指的是出于情感需求或基于共同兴趣而产生的社交行为。

相应地，社交中的互惠也包括两种类型：一种是利益的互惠，一种是共情的互惠。

当然了，我们的社交常常同时包含两种成分，共情社交里可能掺杂功利社交，功利社交里可能掺杂共情社交，两者不是绝对分离的。但感情换感情、利益换利益也好，用感情换利益，用利益换感情也罢，长久的交往是基于公平的交换，无论是哪种类型的社交都一样。

社交中最常见的疑难是:我想认识牛人、达人、名人,以及一切能力比我强、影响力比我大的人,得到他们的帮助,我该如何结识他们?通常情况下,你和这些人的差距越大,你碰壁的可能性就越大。即使拿到名片,加上微信,有机会做自我介绍,结局也仍然是:你认识他们,他们不认识你。

不用急着抱怨社会太现实,不如先易地而处,想一想,如果你是他们,你会想要什么样的朋友?如果你是他们,会和现在的你交往吗?

这种同理心很重要。拿恋爱找对象来说,男生小黑长得不高不帅还不修边幅,没有拿得出手的能力还喊着很迷茫、没目标,家境一般却做着当前工资低、未来成长性差的工作,不仅如此还性格脆弱、脾气很差。他追求院里公认样貌姣好、各方面能力突出的女生,很可能被拒绝。但抨击女生现实,不如换个角度想想,"如果我是个女孩子,肯不肯和这样的自己谈恋爱?"

在所有企图高攀的社交中,你认识对方的理由有一万种,对方认识你的理由却很微弱,比起他需要你的程度,你更需要他。所以你不能假设他的时间状态和你一样,你急切地想和对方建立联系,认识对方对你来说是生活大事件,但对他来说只是多了个小粉丝、小仰慕者。

脑袋里盘踞着"他对我有什么用?"的想法,却从来没想过

"我能为他提供什么价值"，罔顾自己的实际情况，急于建立所谓的"人脉"，其实是徒劳的。没有人会欢迎一个一无是处的"索取者"。

一个成熟的人深知社交的本质是互惠，所以他不会想当然地认为他想认识别人，别人就会以同样的热情来回应他。

他清醒地知道，在他拥有的资源、能力、影响力有限的时候，比钻营人脉更重要的事情是能力养成。

正确的姿势是：锻炼出某种过人之处，或者让自己成为某个领域的专家，成为一个值得交往的人。因为平等的交往，发生在势均力敌的人之间。

很多人不愿意承认社交的本质是互惠，觉得互惠这个词会玷污了纯粹的感情，认为真正的感情是不求回报的，是不会想着从对方身上得到什么的。但实际上因为情感需求或共同兴趣建立的关系，同样基于互惠。

我们和要好的朋友相处，你难过的时候，我听你倾诉、陪你喝酒；我难过的时候，自然也希望你能付出时间和耐心来陪伴我。你生日的时候，我精心挑选生日礼物；我生日的时候，自然也希望你能把我的生日当回事。你成功的时候，我拿出鲜花和掌声为你庆贺；我成功的时候，自然也希望你能真心实意地为我高兴。

就算再不计较的人,潜意识里也藏着一杆秤,暗暗衡量一个人是否值得继续交往。如果一直是单方面的付出、单方面的索取,互惠的天平发生严重的倾斜,友谊就会不知不觉地无疾而终。我们总说重感情,但在我们心里有分量、无论分离多久都始终把对方当朋友的人,一定是曾经对我们付出很多的人。

拿我来说,很多曾经的朋友渐行渐远,但那个因为我咳嗽、嗓子不舒服而炖了冰糖雪梨带到学校给我的高中同学;那个因为我爱吃螃蟹,吃到好吃的螃蟹竟然打包坐火车两个小时,送到宿舍给我的大学同学;那个去她所在城市面试,为了帮我省住宿费,把同居男朋友赶到亲戚家的初中同学……永远会被我放在心里最重要的位置。

这样的感情仍然是互惠,只不过这种情况下,她们的付出让我感觉,自己做再多也无以为报,所以互惠不再是短时间内的你来我往,它跨越了时间,创造了持续数年、数十年的友谊。

但除了少数人,我们遇到的大部分的人仅仅是我们生命的过客。人生漫漫,我们只能同行一小段旅程,很快就各奔东西。儿时的玩伴、各个阶段的同学、曾经的同事,没有交集之后,互惠的条件、互惠的需要也就消失了。最后只剩下回忆,可是回忆没办法让我们回到当初。我曾经兴致颇高地和从前的朋友叙旧,却失望地发现回忆完过去,就开始冷场。

不是人性凉薄，而是驱使我们交往的动力消失了。就像一台冰箱，被拔掉了插头，冰箱里的温度不会马上升高，但如果不插电、没有动力，就不会再继续制冷，温度终归是要变成室温的。

在张爱玲的散文中，炎樱是经常出场的人物。她们相识于香港大学，曾经形影不离。张爱玲好异装，许多衣服都是炎樱设计的，她还为张爱玲拍照、设计书的封面，甚至是张爱玲与胡兰成的证婚人。可是后来两人却疏远了。炎樱写信问："我做错了什么，为什么莫名其妙不再理我？"张爱玲说："我不喜欢一个人和我老是聊几十年前的事，好像我是个死人一样。"

02 成熟的人，习惯以共赢思维处理与他人的关系

如何对待我们身边的人以及即将遇到的人，下意识地当成潜在的竞争者，潜在的合作者，还是不相关的人？在这个方面，有几种常见的思维模式。

一种是零和博弈思维。

零和博弈思维相信：整体利益不会增加，所以各方的利益和损失加起来永远是"零"。这就意味着一方所得就是另一方所失，利人就意味着损己，利己就意味着损人。零和思维就是纯竞争、不合

作的思维。

现实生活中，极端的零和竞争情境其实很少，你死我活、你输我赢的局面并不多见。但零和博弈却藏在很多人的潜意识里，它的延伸思维是：他人之得，就是我之失；他人的成功，就等于我的失败；他人的优秀，就等于我的平庸。持这种思维的人，把他人看作掠夺者，无法忍受别人比自己优秀、比自己幸福，容易嫉妒，比起分享和帮助别人，他们更乐见别人失败。

与之相对的是共赢思维。

共赢思维相信：各方可以通过合作做大蛋糕，达到利人也利己的局面。

共赢的概念在商业界谈得比较多，所以从前我总觉得，这个词充满了枯燥的商务气息，从来没想过把它和我的生活联系在一起。后来才发现，这个概念不只会给宏观的社会协作带来变化，更会给我们微观的人际关系带来深刻的影响。

以零和思维对待同胞手足，把父母的爱当成有限的，哥哥姐姐或者弟弟妹妹多得到一点爱，我就少得到一点爱，结果手足争宠导致不睦，孩子不睦又导致父母闹心，把整个家庭闹得鸡犬不宁。若以共赢思维来处理家庭关系，就不会计较谁得到的爱更多，而是互相关怀和爱护，因为家庭氛围和谐，彼此感情深厚，生活在其中的每个家庭成员才能感到幸福。

以零和思维对待同学，学习名次是有限的，第一名只有一个，你考了第一，我就不能得第一了，第二名也只有一个，你考了第二，我就不能得第二了。大家有好的学习方法、学习资料都藏着掖着，生怕别人知道，别人自然也就藏着掖着。但若以共赢思维来处理同学关系，从长远来看，比起在班级、学校的小范围内赢得竞争，更加重要的是在全社会范围内以实力胜出。所以大可不必计较一时得失。

单论学习，大家共享学习资料，交流学习方法，互相释疑解惑，学习的效率更高，良性竞争，互相促进，每个人会取得更长足的进步。往更深的说，学生时期建立起来的同窗之情，可能是我们一生的财富。你看起来无趣的同学在课堂之外说不定是半个明史专家，对网络词汇张口即来的同学其实对名家诗词如数家珍，深度交流你才会发现他们的特别之处，互相交流思想、分享知识，"恰同学少年，风华正茂"，其中的快乐，岂不比盯着成绩和名次，生怕别人超过自己，来得有价值得多？

以零和思维对待工作，上司、老板则被看成一个剥削者，老板多安排了工作，就是剥削我的时间和精力，所以总是想方设法多偷点懒，少干点活，反正我每个月拿一样的工资，我少干活，损失是老板的，我赚到了。同事关系则被看成纯竞争的关系，他表现得突出一点，就意味着我显得平庸了，以至对同事猜忌设防，团队合作不畅。即使是举手之劳就可以助别人一臂之力，让他出手，也会让他觉得自己掉了一块肉。

如果以共赢思维来处理工作，就会认识到：人为公司服务，同时在工作中积累经验、获得成长，这是个共赢的关系，偷懒怠工是对公司、对老板不负责，更是对自己不负责。对待同事也会认识到：把注意力聚焦在团队的任务上，精诚合作共同完成一个目标，建立一个简化人际关系、更加纯粹做事的工作氛围，不用耗费心力在钩心斗角上，不仅整个团队工作效率更高，个人的成长也更快。

以零和思维对待亲密关系，就会把谁对谁错、孰是孰非看得特别重要，甚至为了争出个结果，弄得面红耳赤、不欢而散。如果以共赢的思维来处理感情问题，就会清醒地认识到最重要的是维系两个人的情感，很多时候，伤害是不可逆的，一旦造成，就很难修复。以破坏了两个人之间的亲密感为代价，逞口舌之快，一时赢得上风，没有意义。所以大可把无谓的胜利让给对方。

换一种思维，等于换一个世界。

任何领域的成功都在于与人共事，而不是割裂、提防。

零和思维争眼前一城一池的得失，而失去整体和长远的利益，表面上看着是损人利己，但常常演变成损人不利己。因为只有一方赢，从长远看，往往导致双输局面。但这种思维却如附骨之疽，很难克服。因为它更像是自利的本能，来自一种把自己的利益最大化的思维惯性。

此外，还有一种更常见的人际观是封闭型人际观。

持这种人际观的人，既回避竞争也回避合作，认为每个人只要独善其身就行了。这种封闭型人际观，是一种很普遍的人际观。他们通常不擅长交际，不喜欢加入团体，在集体中的存在感比较低。

我曾经也是这种封闭型人际观的拥护者。不同于零和思维的人：我从小怕和别人抢东西，很少主动投入竞争角逐。也不同于共赢思维的人：我和别人打交道的兴趣也比较寡淡，我很少主动向别人示好，总在被动地等待，好像主动示好是一件多丢人的事似的。直到我遇到一个人。

大学我学的是新闻学，一个偶然的机会认识了一个哲学院的女生，因为我们都极度热爱阅读，所以共同语言特别多。原本有一个能进行深度交流的朋友，我就已经很满意了。但她做的却远远不止这些，除了和我分享她的观点，她还热心地介绍我认识她的其他朋友，带我去她发现的藏书量很大的冷门旧书店，每次讨论中碰到我不熟悉领域的知识，她会给我推荐相关的书目以及作家。她主动友好得让人惊讶！

她让我明白，其实存在更好的方式，去处理我们与别人的关系。

反观当时我所在的宿舍，七人间的宿舍大部分人都是封闭型的人际观，没有参加社团，除了室友，走得近的同学也比较少。短期内，看不出有什么区别，但时间长了，差距就拉开了。要知道，大学的学习不同于小初高的应试教育，小初高时期，大家成绩有好有坏，但都是集体同步学习，所以大家的学习进度和方向是齐步走的，而大学里更多的是自主学习和实践，上课很少全员出勤是普遍现象，即使在同一个班级里面，每个学生的知识体系、努力方向、成长速度都可能是完全不同的。

封闭式的人际观在填鸭式应试教育里可以行得通，在半放养式的大学教育里局限性就暴露无遗了。

在大学里，跟着老师的课堂节奏学习是远远不够的。认识优秀的学长学姐，可以更加清楚地看到自己的生活路径和未来可能；组队参加各类专业比赛，不仅可以锻炼团队能力，还可以在备赛中快速成长；按兴趣去参加社团，除了可以和一群志同道合的人在学习之外做点有意思的事，还可以提前进行职场演练，社团成员的新陈代谢，其实和职场一样，都是老带新，先在前辈的指导下成长，又变成前辈去指导别人，表现优异者被提拔为管理者；这些是把自己孤立起来所学不到的。

最糟糕的是，圈子封闭会造成信息滞后，信息滞后造成接受新事物的能力差。举个小例子，微博、微信在校园的流行，就是从最活跃的群体中开始的，部分人已经变成了微博小V、微信公众号创始人，甚至开始变现，圈子封闭的人可能才刚刚注册为用户。

打开自己的圈子，把自己放到团体中去，是基于共赢的人际观。

共赢思维，不是去算计谁能为我做什么，以及如何让我的每一次付出都有回报，而是清醒地接受：人是社会动物，我们不可能离开他人而存在。一个人如果想成功，他就要明白自己不可能单枪匹马成功，他一定需要别人帮助才能成功。

共赢是一种更理性、更成熟、更有智慧的思维模式，更友好、更宽容地接纳他人。

它与零和思维比，多了远见和豁达心态；和独善其身的封闭式人际观比，又多了通达和务实。但扭转思维却不是一件容易的事。越早明白这些道理越好。

03 成熟的人，进退之间总是不卑不亢

不卑不亢一般被用来形容外交家的风骨，其实也是平常人应该有的品格。它形容的是一种平等的人际观，包括不卑和不亢两

部分。

但不卑不亢并不容易做到,它需要一颗强大的内心。

这一点,我在刚毕业的时候,感触尤深。对一个初出茅庐的小记者来说,做到不卑太难了。我采访的时候特别容易露怯,别说是那种不怒自威的政府官员、企业领导,连采访个物业主任、派出所民警我都发怵。可能人刚毕业的时候都经历过这个阶段吧,这个时期学生气未脱,社会经验不足,突然独当一面,遇事容易着急,一有压力就露怯。而且这主要是一种心理状态,改变妆发、穿着也掩饰不住。

有两件事让我下定决心,要改变这种情况。

有一回,我因为电梯安全问题去采访质监局的一个局长,这个局长好相处,对采访也配合,可是一见我就喊:“小鬼,等了有一会儿了吧,来来来,说吧,你找我什么事?”被当成一个小鬼,而不是一个专业的记者对待,我很受打击。

另有一回,我因为城市主要道路大型渣土车通行问题采访一个分管城管工作的领导,采访是在会议室里进行的,这位领导业务精熟,给我分析了这个问题的现状、处理难点、未来解决方向。一切都很顺利,可是采访结束,一出会议室,随行人员呼啦啦地就跟上来了,我第一次在空气里感受到了权力带来的压迫感。

一个专业的记者,面对任何采访对象,态度都应该是不卑不亢的。所以我觉得自己特别丢人，丢自己的脸事小，丢报社、丢同行的脸事大。

我着意树立自己平等的人际观，一开始纯粹是出于一种职业荣誉感。但时间久了，不卑不亢就不仅是一种专业要求，而且慢慢演变成我的人际观。

平等的人际观指的是，平视我们遇到的每个人，不管他是身家不菲还是一穷二白，是位高权重还是卑微渺小，是养尊处优还是度日艰难，是名校加持还是压根没受过完整教育，我们都平等地对待他们。既不因为对方拥有的资源优越于你，而自卑怯懦、低声下气、刻意讨好，也不因为对方的处境不如你而傲慢自大、居高临下、颐指气使。

我发现，从容不迫、进退有度，正是出于这种平等的人际观。

如何在心理状态上，做到不卑不亢呢？我有几个思想武器。

首先，每个人在人格上都是平等的。不管人生处境如何，永远不要忘记这一点。

社会有一套根据金钱、权力、地位、出身、文凭、容貌、年龄、性别、影响力等因素，对人进行价值排序的评价体系。这种价值排序必然制造伤害、焦虑、愤怒、自卑和羞辱，因为它在人的心里放上了一条长长的鄙视链，每个人都是鄙视链中的一环，只有位于最高端的人，才能获得绝对的优势。

总有人在鄙视链的更上游。看过一个段子：一个企业家靠一手创立全国连锁超市，成为身家近亿的富豪，想进身家几十亿的企业家俱乐部却被拒绝了，内部成员说：你一个开超市的，干吗非要和我们坐在同一张桌子上？

每个人都是有独立人格的生命体，生命的价值无法比较，每个人的人格都是平等的。但是身外之物却可以比较，社会通行的价值排序其实是用身外之物的比较，来代替人的比较。这种社会价值排序的本质，是用一个人占有的东西，来界定一个人。可是一个人就等于他所占有的东西吗？

一个人不会因为他从事的工作是环卫工作就低人一等，也不会因为他是大企业的CEO就高人一等；一个人不会因为长得好看就高人一等，也不会因为相貌丑陋而低人一等；一个人不会因为穿戴奢侈品、出入用豪车而高人一等，也不会因为衣着朴素、骑自行车出行而低人一等。

因为一个人不等于他占用的东西。没错，拥有更多社会资源的人，不仅可以过更舒适、质量更高的生活，也更可能获得他人的礼遇，但他并不会因此而高人一等。一个人困窘落魄，他会过得很辛苦，但他也不会因此而低人一等。

记得一个小故事，细节记不太清了，美国总统散步遇到一个可爱的小女孩，他和小女孩打招呼："你好，我是美国总统。"小女孩天真地回答："你好，我是爱丽丝。"

小女孩虽年幼，却有平等人格。我们入世太深，卷入社会价值排序太久，很多人把平等的人格丢了。在比我们强的人面前，或唯唯诺诺，或百般讨好；在比我们弱的人面前，或傲慢无礼，或冷漠无视，这是藏在骨子里的奴性。

可是无论在什么人面前，平等的人格才能得到平等的尊重。

其次，生活不止一种成功，忠于自己内心地生活，你就是自己的英雄。

社会价值排序规则的背后，是一套拜金、拜权、物质主义的成功标准。对成功、幸福的定义变得很单一，说白了就是比别人更有钱、更有权力，开更好的车，住更好的房子，出入更高档的商场、餐厅……

这套标准之下，相对应地，如果没别人有钱、没别人有权、家境没别人好、住的房子没别人大、开的车没别人好、出入的餐厅人均消费比别人低，就是失败的人生。

被这样的成功标准绑架，心灵永无自由之日。

我理解的成功，是忠于自己内心的生活。你喜欢简单的、回归自然的生活，大可找个安静的小城定居，给自己打理出一个花木掩映的庭院；你喜欢绚烂街景、名牌包包，那就到充满机遇的大城市去奋斗，用自己的双手挣一切自己想要的东西；你想要稳定、规律的日子，就找一份稳定的工作和一个沉稳的丈夫；你如果中意刺激多变、充满挑战的生活，那就进入能带给你这种体验的行业，甚至满世界登山冒险。

每个人按自己选择的生活方式认真生活，马云、王健林们，不要觉得曳尾于涂中的庄子、采菊东篱下的陶渊明是失败者，庄子、陶渊明们也不要瞧不上获得世俗成功的马云、王健林。

我理解的成功，不是来自比较，而是来自全力以赴的生活态度。你的理想是走遍山川大河，你的足迹踏遍祖国大地的时候，何必去管同学已经攒够了房子的首付？你的理想是拥有一栋房子、在城市里立足，你攒到房子首付的时候，何必遗憾你的同学已经玩遍世界，你只爬过公园的山？不断在比较，为了不被抛下，脑子里盘踞着"别人有的，我也要有"的想法，内心只会又惶恐又焦虑。

生活不止一种成功。忠于自己的内心，按自己自愿选择的生活方式全力以赴地生活，无论如何活，活成什么样，我们都是自己的英雄。以这样的状态去面对任何人，无论对方如何活，活成什么样，我们都可以泰然自若。这是不卑不亢的力量根源。

最后，人的处境是会发生变化的。

刚进入职场的时候，有一位领导粗暴严厉，还不讲道理。我对她不是尊敬，而是惧怕，惧怕到一想到上班就恐惧症发作，惧怕到踏入办公室就惴惴不安。

快要撑不住的时候，碰上春节放假。没想到回了趟家，我突然就想通了。我发现，在家里，特别是在年幼的堂弟堂妹面前，我已经是一个能"发号施令""生杀予夺"的大人，小孩们怕我，很多事情得了我的允许才敢去做。我有点不适应这种角色，因为在我的印象里自己也还是个在大人面前谨小慎微的孩子。

是啊，每一个不动声色的成年人，都曾经是在大人指导下生活的孩子；每一个专业权威的领导，都曾经是努力适应的职场菜鸟；每一个在讲台上滔滔不绝的老师，都曾经是在课桌前正襟危坐的学生。每个人都是沿着一定的路径变成今天的样子，没有人是天生的大人，也没有人是天生的领导、天生的老师。如果有人批评你，"你怎么这点事情都做不好？"无论对方把你贬低到了什么程度，不用恐惧、焦虑、畏怯，那只是在描述一种暂时的随时可以改进的状态，而不是在说你不行。不要把对一件事的评价上升到对自我的评价。

永远相信，人的处境是不断变化的。在卑位者，当志存高远、隐忍自强，所怀者大，则有无限可能。将来你走得甚至会比曾经压在你头上的那个人要远得多。在尊位者，当公正处事，平等待人，用成长的眼光去看待人，莫欺少年穷。

无论一个人现在是什么处境，都可能是暂时的处境，不要用他暂时的处境定义他。如果是自己，也不要用暂时的处境定义自己。遇到特别优秀的人，可以欣赏，但不要膜拜，他不是天生如此，他的成就一定有实现的路径；遇到暂时没有崭露头角的人，不一定要礼遇有加，但需给予平等的尊重。这是不卑不亢的智慧来源。

不管是地位比你高的人还是比你低的人，不管是有求于你的人还是可以帮你的人，不管是你需要的人，还是你不再需要的人，每个交际对象你都必须尊重。

所有的社交扩展方法、人际沟通技巧、个人情商养成，是希望每个人具有顺畅沟通的能力，降低沟通成本，从容优雅、进退有度地达成自己在个人成就、职场发展、家庭幸福等各方面的目标。我强调一种平等的人际观，是因为一切技巧都基于平等的尊重，而不是把人教成无原则的献媚者、委曲求全从不得罪人的老好人、精致利己的变色龙。

为什么花这么大的篇幅来讨论人际观？因为我希望这本书对人际交往的所有讨论，是基于互惠、共赢、平等的成熟人际观。

社交互惠的本质教我们认识到，基于互惠的关系才是可持续的关系，所以索取之前，学会付出，不要做以自我为中心、只会索取的巨婴。

　　共赢的思维，给我们一种有别于只顾利己、狭隘排他的人际交往思路，同时也是一种主动交往、乐于合作、积极与他人结成利益共同体的人际态度。

　　平等的人际观，给我们独立的人格和平视他人的力量。无论他人的经济实力、社会地位、教育背景、职业类型、容貌评价等外在属性与你相比高下如何，我们始终不卑不亢地处理与他人的关系。

　　树立互惠、共赢、平等的人际观，基于这样的人际观，这本书所有的讨论才有一个基本的前提。

有效社交是怎么做到的？
——怎样结识超级交际枢纽式的人物？

无论是谁，总有自己的圈子，就算是再孤僻的人也会有一两个朋友。花精力管理时间、事务的人很多，但有意识地去管理社交关系、有计划地打造社交圈的人却不多。我们天性喜欢自然而然的交往方式。

之前已经说过，每个人的社交需求不同，基于不同的需求，社交选择是不一样的。所以谈一套通行的建立社交圈的方法，是不切实际的。但是，我们可以了解一下：一个把社交做到极致的人，是如何一步步有效地建立自己的交际圈的？他们有哪些不为人知的社交技巧？

01 社交与目标结合

一说到社交与目标结合，肯定就有人坐不住了。

他们迫不及待地表达反感，并且跳出来捍卫社交的纯粹。每一种态度后面都有一个观点，反感的态度后面是这样的刻板观念：社交与目标结合，是功利的，是和索取、操纵、利用、算计等词汇联系在一起的，这样的社交是不真诚的。

虽然不知道这样的观点是怎么出现在我们脑子里的，但这种观点盛行已久。可是真的是这样的吗？我不这样认为，人类社会本身就是合作互助的产物，借由他人的力量实现自己的目标大多数情况下是正当的。操纵、利用和算计的指控，只发生在我们隐瞒真实目的去接近一个人，或达到目的就将帮助者抛诸脑后的时候。把社交与目标结合直接视为不可见人的心机是不公平的。

社交应该与人生不同阶段的目标相结合。我们不可能总能一个人到达目的地，大多数情况下我们需要在别人的帮助下实现目标，我们越早明白这一点越好。一个目标的实现条件，除了自我努力，还应该包括他人的帮助。有效社交者最重要的技巧之一就是把社交与人生目标相结合。一般人制定目标只包括自我提升，而有效社交者制定目标时，行动计划里除了自我学习和提升的部分，还包括去和那些能帮助自己实现目标的人建立联系。

这是卓有成效的策略。

假如你原本是一个会计,但对现有的工作不胜其烦,想投身自己非常感兴趣的室内设计,可是室内设计对你来说是一个完全陌生的领域。这个时候,行之有效的计划除了学习计划之外,还应该包括和业内人士建立联系,找几个资深懂行的指路人、观念契合的同路人、优秀出众的榜样寻求建议和帮助,同时寻找学习和入行实践机会。能提供信息也好,能提供机会也好,多认识那些能带你去你想去的地方的人。当你针对目标,建立起一个能提供有效支持的社交网络,你离自己的目标就更近了。

无论你的目标是改行,是成名,是找一个宜室宜家的结婚对象,还是创立一个品牌,或卖掉一家公司,一个完整的目标应该包括并行的社交目标,实现目标的可行计划应该包括有意识地结识那些能帮助你实现目标的人。

但需要澄清的是,这里说的社交与目标相结合,不是否定随遇而安、顺其自然的交往方式,而是针对无目标瞎社交的"无头苍蝇"。

最糟糕的莫过于根本没有想清楚自己要什么,没有清晰的人生目标,盲目地去积累人脉、经营关系,为了社交而社交,认识一堆自己都不知道为什么要认识的人。这是在用战术的勤奋掩盖战略的懒惰,看起来似乎在为人生做某种努力,实际上却是拿积累人脉当人生迷茫的挡箭牌。这样的人会安慰自己，现在结识的人"以后"
兴许会有大用，他们似乎在为要干的某件大事做准备，只是讽刺的
是连他们自己都不知道自己要做的"大事"是什么事。

　　你知道自己要去哪里，别人才有可能帮助你去往哪里，连你自
己都不知道要去哪里，别人更无暇管你要去哪里。

　　社交与目标结合，根据目标圈定能帮助你实现目标的人，接下
来的任务就是选择恰当的方式去认识这样的人。

02 熟人的力量不可小觑

　　有效社交的第二个技巧是借用熟人的力量。

　　最不容易碰壁的扩展交际圈的方法是从现有的人际圈出发，借
由熟人的介绍伸出触角。但太多人小觑了熟人的力量，不把已有的
社交圈当作一回事，不注重与现有人脉保持深入互信的关系，却急
于发展新的人脉关系，得不到的人脉关系永远在骚动。

　　熟人的力量有二。

　　首先，每个熟人都是一扇门，如果不是人生经历高度重合的两
个人，通常他会认识一堆你不认识的人。

　　我第一次深刻地认识到这一点，是在一个朋友的生日聚餐上。

我和这个朋友同在一个学校,但在不同的学院,很长一段时间我们隔三岔五就见面聊天,自问对他的过去经历、现在状态、未来打算都极为熟悉,我们都认为是彼此非常好的朋友。可是到了聚餐的包间我傻眼了,饭桌上围坐的十来个人通通都是他的好朋友,而我只认识寿星。

我一下子领悟到一件事,我和他虽相识相熟,但我们之间的交集仅仅是他生命的一小部分,因为和他相熟的心理惯性,我忘记了在我看不到的地方他还有广阔的交际网,换过来想,我的重要朋友,他何尝不是大多都不认识。

一个成年人圈子再小,从出身带来的血缘关系、不同教育阶段结识的同学、朋友关系以及投身职场后的同事关系,怎么也有数百人的规模。熟人的交际圈和我们的交际圈不重合的部分往往会超出我们的预期,所以熟人所能引见的关系,数量是不可估量的,里面也许就有你所渴望建立的关系。按照六度分割理论,世界上任何两个人之间,只需要通过六个中间人就可以互相认识,熟人的力量就是没开发的矿产。

当然,不同的圈子,关系的质量是不同的。比如,在熟人的力量这件事上,不同的家庭出身就显露出差距。家庭条件在平均线以下,人脉关系网络常常无法提供支持和帮助,而家庭条件优越或者中等的人,他们的人脉网络常常可以提供充足的支持。

其次，我们天生信任熟悉的人，当你需要认识一个人的时候，如果能找到一个熟人替你引见，一定会事半功倍。

你和对方哪怕只有一个共同的朋友，哪怕这个共同的朋友只是一般的熟人，你在对方眼里也不会直接等同于陌生人。中间介绍人可以帮你突破对方的第一道防火墙，给你更多的信任和耐心。

很多人不愿意充当介绍人，他们害怕把一个朋友介绍给另一个朋友，会同时失去两个朋友。

这里涉及一个社交的忌讳：如果有人愿意带你进入他的朋友圈，绝对不能在进入新圈子以后把他撇到一边，一定要感恩并充分地回报这个介绍人。有效社交者，对介绍人绝对不会过河拆桥。

有效社交者通常都是"超级连接人"，当别人需要他引见时，只要这个人值得信任，他们也乐于和别人分享自己的朋友圈。慷慨才能换来慷慨，分享才能换来分享，吝啬自己的朋友圈，只会让社交圈越来越窄。相反，介绍两个人认识，实际上和两个人的关系都进一步加深了，在这个过程中介绍人没有失去，而是在得到。有效社交者一定是乐于介绍朋友互相认识的人。

03 结识超级交际枢纽式人物

结识超级交际枢纽式人物,是打开交际圈的捷径。

很多人都听说过:世界上任何两个人之间,平均只需要通过六个中间人就可以互相认识的说法,这个理论被称为六度分割理论。

心理学家米尔格莱姆在提出这个理论之前做了一个著名的实验,他给美国内布拉斯加州的160个居民每个人一封连锁信,并要求他们通过熟人转寄给马萨诸塞州的一位股票经纪人。米尔格莱姆发现大多数信经由六个人最终就会到达股票经纪人手中。六度分割理论就来自于这个实验。

可是大多数人只顾着惊讶我们竟然离一个遥远的陌生人如此之近,却忽略了米尔格莱姆的得出另一个重要结论。大多数人的交往圈子很小、交往领域很窄,想要连接一个遥远的陌生人,靠和他们类似的人是不行的,他们必须经由交际很广的中间人才能成功。

换句话说,每个人的人脉连接能力是不均等的,用二八定律来描述就是:20%的人掌握了80%的人脉。

这20%的人就是超级交际枢纽,他们认识的人比我们多得多。他们通常有两个特点:

第一,他们多是中层人士,因为在中层,所以既可以接触到顶层尖尖儿上的人,又可以接触到基层的普通人。他们人际圈规模大是显而易见的，但更重要的是他的人际圈涵盖三教九流，保证了他们人脉的多样性。很多人认识的人多，却不好使，因为社交圈结构单一，尽是和他差不多的人。

第二，这些人往往从事需要靠人际交往推动的职业，是天生的社会活动家，比如记者、猎头。

稍微知道一点美国历史的人，都知道"莱克星敦的枪声"。当时英军准备先前往莱克星敦，逮捕殖民地领导人，然后再进军当地民兵军火库所在地康科德镇，查缴没收枪支弹药。殖民地民兵获悉情报并提前做好准备，最终痛击英军。1775年4月19日清晨的这次交火拉开了美国独立战争的序幕。

替大家传递情报的保罗·里维斯就是典型的交际枢纽式人物。交火的前一天，一个在马房工作的小伙听到英军谈话，跑去告知他，又综合几个人告知他的信息，他判断英军马上有大的军事行动，于是和同伴商量后，当晚十点，他单骑疾驰，通知各个村庄的民兵组织起来，大家才得以及时做好迎击英军的准备。

对下，他可以接触到马房小伙这样的基层群众，对上，他是成功的商人，是几个资格严格的高级俱乐部的成员，认识各个抵抗组织的领袖，所以他既能打探到一手消息，又能快速把这个消息传递给关键的人物。而这个工作，人脉有限的马房小伙是做不到的。

这种交际枢纽对任何一个强大的人际关系网来说，都是不可或缺的人物,一旦你和某个超级交际枢纽成为朋友,那么你里我们所认识的那数千号人就只有一步之遥了。

当然了,社交基于互惠,要让交际枢纽式的人物为你打开大门,你也要提供回报。如果你找猎头要一些重要角色的联系方式,那么平时就要积极地向他们引荐人才,帮助他们开展工作;你要找记者当中间介绍人,平时也要热心替他们搞定采访对象、提供新闻线索。

除了结识交际枢纽式的人物,你还可以试着让自己成为一个交际小中心、交际小枢纽。做到这一点的其中一个方法是:成为某个组织或活动的组织者。

回顾学生时期,如果不出意外的话,班长通常是和班上同学接触最深最广的一个人,因为承担着组织同学的任务。对一个班集体来说,班长其实是一个小中心。在学生社团中同样如此,成为小干部的学生,他们的社交往往更广更深。

有效社交的一个技巧是成为某场活动、某个项目、某个组织的组织者,性质可以是学习团体,比如读书会;可以是兴趣团体,比如骑行社;可以是公益团体,比如爱心志愿者协会。组织者通常是人群的中心,他们有更多曝光的机会,更容易被认识,也更容易获得信赖。一旦成为一个小中心,你就会像磁铁吸引铁器一样,把人们吸引过来,社交不仅变得容易而且变得高效。

04 打造个人IP

社交有一个规律，一个越被认可的人，他的社交成本越低。

刚当记者的那会儿，特别羡慕一些老记者，同样的采访内容，我作为新人记者屡屡吃闭门羹，老记者们却一路畅通无阻。以前只以为是自己的采访突破能力不够，后来见多了，便发现名记者比一个初出茅庐的小记者更容易获得采访机会，一个著名媒体单位的记者比一个不知名小媒体的记者更容易赢得尊重，才明白我和他们的社交成本是不一样的。

假如你是一个企业家，想象一下白岩松或者柴静提出要采访你和一个从没听说过的记者要采访你，你的态度会有什么不同？再比较一下央视要采访你和小地方的电视台要采访你，你的心理有什么不同？

资深记者甚至名记者不但业务能力扎实，同时多年来也在用一篇又一篇有分量的报道，把自己变成在某个报道领域有分量的记者。当他们的能力越来越被认可，知名度越来越大，他们的社交成本就变低了。

有效社交不能仅仅着眼于如何结识别人，更要着眼于打造自己。最好的社交是把自己当成一个公司，当成一个IP来运营。这项工作包括两个任务：发展核心能力和扩散个人品牌。最终的成果可以用这些问题予以检验：当别人听到或想到你的名字的时候，脑海里会浮现出什么样的形象？你最能拿得出手的是什么能力、作品、成就？你宣示存在感的核心竞争力是什么？

一个声名在外的人是天生的社交宠儿，他们想要搭建、发展自己的交际圈不费吹灰之力。

有一些职业是天生比较容易出名的，因为他们与大众媒介是相生相成的，如歌手、演员、模特、导演、作家、主持人。但我们并不一定要成为这一类人，关键在于你有没有稀缺的能力，能让人主动找上门。

这种稀缺常常表现为在某个细分领域的出类拔萃。

电影海报设计师黄海可能不为大众所熟知，但在电影海报设计这个细分领域他却很出名，因为他给姜文的《太阳照常升起》、许鞍华的《黄金时代》等电影设计的系列海报给人留下了深刻的印象。当其他电影需要找一个极具表现力的电影海报设计师时，待选名单上就会有他的名字，他不需要费太多力气结识他人，因为他想要的人脉会破门而入，他的才华足够引人注目。

说到稀缺能力，很多人会联想到诸如围棋天才、艺术天分、人工智能领先研发之类听起来特别了不得的能力，其实简单的事做到极致也是稀缺能力，哪怕你只是一个特别擅长做PPT的人。网上教别人做PPT的秋叶大叔，把自己和PPT画上了等号，就靠做好PPT也发展得很不错。或者你是所在小城市最厉害的补课老师，学生信赖、家长追捧，也是稀缺性的人才。

有意识地发展核心能力，然后用作品或口碑把自己的才华传播出去，你的社交会更加有效。

05 用间谍思维社交

我们如何和一个陌生人变成朋友呢？

一个美国中情局的特工写了本叫《像间谍一样思考》的书，提供了一种思路。结识目标对象需要找到一个"钩子"，"钩子"是钩住目标对象的理由。一个合适的"钩子"通常包括三个要素：初次见面的理由，建立联系的理由，持续联系的理由。

理想的"钩子"可以帮助我们快速地与目标对象建立互利关系。

钱锺书在《围城》里说的男女之间借书就是很好的钩子，借了要还的，一借一还，一本书可以做两次接触的接口，而且不着痕迹。

有效社交要给对方这三个理由：双方初次见面的理由，双方建立联系的理由，双方持续联系的理由。

缺少一个初次见面的理由，你想认识的人对你来说可能近在咫尺远在天涯。

传媒大亨默多克当初为什么会迎娶中国灰姑娘邓文迪？坊间流传甚广的两人初识故事是因为一杯红酒。按常理，作为新闻集团底层员工的邓文迪接触默多克的机会十分渺茫。但邓文迪为自己找到了一个初次见面的理由：她想办法溜进自己本来没资格参与的高层酒会，佯装不小心把一杯红酒洒在了默多克身上，成功引起默多克的注意。当然了，这一招邓文迪在1997年使用是有效的招数，20年后估计已经成了令人生厌的昏招。

缺少建立联系的理由，初识可能只是容易让人遗忘的邂逅。

和名人大咖合影也是很典型的例子，虽然双方有了初次见面的理由，也搭讪和简单交谈，但因为缺少建立联系的理由，双方很难变成真的朋友。

上大学的时候，我为了省钱，往返学校和家乡经常选择长途硬卧。在火车上无聊，我会变成一个极其健谈的旅伴，兴起时陪别人聊几个小时不知疲倦。可是就算火车上再谈笑风生，就算真的留了彼此的联系方式，下车后又会变成陌路人，因为我们彼此缺少建立联系的理由，结果就只能"一回熟，两回生""从此天涯陌路人"。

Chapter 02

第二章

高情商是怎样炼成的？

高情商应该具备的五种能力
——不会管理情绪怎么办？

别看我们现在天天把"情商"这个词挂在嘴边，其实这个词进入我们的词汇库是很晚的事情了。那么，情商这个词是什么时候开始进入人们的视野，然后变成世界级的流行词呢？

1990年，心理学家约翰·梅耶和萨洛维在论文中，第一次提出了"情绪智力"的概念。五年后，基于心理学界的研究，既是心理学家又是纽约时报记者的丹尼尔·戈尔曼写出了畅销书《情商：为什么情商比智商更重要》。丹尼尔·戈尔曼虽然不是第一个提出这个概念的人，却是第一个让这个词流行的人。

情商这个概念的流行，是原作者始料未及的。

在此之前，人们只听说过"智商"，"情商"是闻所未闻的概念。当时人们认可的是唯智商论，社会主流观点认为，智商是人生是否成功的主导因素。但丹尼尔·戈尔曼认为，智商的影响力没有人们想象的那么大，情商也是一种重要的竞争力，它决定包括智商在内的其他各项能力发挥的程度。可以说，情商概念的出现颠覆了以往社会对个人能力衡量的认知。

在这本书出版之前，作者曾经想象如果有一天他无意中听到两个陌生人闲聊说起"情商"，并且都明白它的含义，他就算成功普及了这个概念。没想到，随着这本书风行世界，在之后的20多年的时间里，情商的概念传播到了世界上的每一个角落，迅速在各个领域成为热门议题，也像作者所期待的那样，成为人们的常用词。

在中国，"情商"在各路文章以及日常交流中，也是刷屏多年的热门概念。但随着流行，我发现人们对情商的理解，越来越偏离它真正的含义。大家说起情商，默认它是大家都懂、不用解释的词，可实际上很多人对情商的解读是望文生义，什么叫望文生义？就是"不了解某一词句的确切含义或来源，光从字面上去牵强附会，做出不确切的解释"。这些想当然的解读又互相传播，导致对情商这个词的误解和偏见越来越深。

那么情商真正的含义是什么呢？

最初提出这个概念的心理学家约翰·梅耶和萨洛维，对情商有清晰、详细的定义，我想在这个框架里替大家厘清情商这个概念。情商即情绪智商，描述的是我们了解和管理情绪的能力。情商的

"情"是情绪的"情"，而不是"人情世故"的"情"。

具体概括为人们在五个层面的表现：

01 认识自身情绪的能力

情商最基础的能力是：正视和辨识自身感受，并以此引导行为的能力。

很多人会想，这有什么难的？了解别人的情绪不容易，知道我自己的情绪还不简单吗？但事情真的是这样的吗？

大李初次担任一个重要项目的负责人。今天一到公司大家都觉得他浑身火药味，骂哭了一个实习生不说，和几个项目骨干的碰头会也不欢而散。不仅项目没有进展，还搞得内部关系紧张兮兮的，大家私底下议论，甚至有人质疑他不具备团队领导能力。大李很快被领导找去谈话。

他到底怎么了？我们把时间拨回他来上班的路上，追尾事故加上早高峰造成了严重的拥堵，大李本来就心烦意乱，结果还被一辆面包车强行加塞，他按喇叭抗议，一个戴着大金链子的胖子探出头，脏话连篇地咒骂了他一通。大李很想反击，可道路恢复交通，这个可恶的胖子很快消失在车流了，大李拿他一点办法也没有。他心里窝着一股火，到了公司以后，看见什么都不痛快、不顺心，他以为自己只是在实事求是地处理工作，却没意识到自己不知不觉把情绪带到了工作中，不知不觉迁怒到了同事身上。

发现了吗？没有意识到情绪，整个人就会被情绪牵着鼻子走，就会任由情绪操控行为，最终做出不理智的选择和行为，酿成恶果。充分了解自己的情绪状态，才能找到处理这些情绪的最佳策略。

情商低的人，对自己的情绪后知后觉，被情绪俘虏而不知情，任由情绪绑架理智。情商高的人，情绪爆发的时候也能保持自省，能敏锐察觉自己的情绪，并让理性的力量介入情绪管理之中。

我从小有写日记的习惯，要说我最宝贝的东西，那就是我的日记本了。那时我高二，有一天放学回家，我的书桌上一片狼藉，记号笔连笔芯都被抽出来了，桌子被染得脏兮兮的，不少书本被毁坏，日记本上面歪歪斜斜都是乱涂乱画。一看就是小孩的手笔，而家里唯一的小孩是4岁的堂妹。

"我要去找她算账！她应该受到惩罚。"我的太阳穴突突突地跳，呼吸越来越急促，牙齿咬得紧紧的。

"我在发怒。"可能情绪太激烈了，我的脑子下了个判断，我能清楚地感觉到身体里，怒气像海啸一样向我冲过来。但紧接着，越来越多的想法冒了出来：

我真的要大发雷霆吗？堂妹才4岁啊，她什么都不懂；但是不教训教训她，她以后还这样怎么办？可我打她骂她，弄哭了她，叔叔婶婶会不高兴的，爸爸到时候也会责骂我；那我可以直接去找婶婶算账吗？她应该承担责任。还是算了，婶婶每天家务那么多，没办法时时刻刻盯着堂妹，应该体谅。"不要为打翻的牛奶哭泣"，理智的做法应该是把杯子扶起来，清理洒出来的牛奶，对所有已经发生并且无力改变的事情应该尽快翻篇，然后避免再次发生。

当时觉得特别奇妙，我并没有想着如何去管理情绪，但从察觉到自己在发怒开始，内省就开始了，理性的思考就介入情绪当中。原来，人对自己情绪的觉知和觉察，就是情绪瓦解的开始。最后我既没有对堂妹大发雷霆，也没有找婶婶兴师问罪，我的怒气不知不觉消散了。但控制情绪不意味着忍气吞声，我心平气和地和婶婶说了事情的原委并表示希望这样的事不要再发生，婶婶严厉地批评了小堂妹，母女俩一起向我道了歉。

这是我对情绪识别的重要性感触最深的一次，觉察情绪是情绪管理的前提，是简单、容易被忽略但极其关键的一步。觉察情绪之前，我被情绪支配，觉察情绪之后，情绪仿佛成了砧板上的鱼肉。

每个人都应该有一个情绪警报系统，学会内省，去监控和识别自己的情绪：你注意到自己的语气、声高、呼吸、心跳、肢体动作等方面透露出来的情绪信息了吗？你具体的感受是什么？你的情绪是温和的，还是强烈的？你的感受只是单一的情绪还是多种情绪混合的产物？你的注意力被情绪挟持了吗？通常你情绪持续的时间长吗，是长期沉溺还是可以短时间恢复？

忠实且细致地描述自己的情绪状态：

不要否认情绪。

如果你观察或亲历过争吵，会观察到一种下意识否认情绪的现象。比如，女朋友明明话里话外有愠怒，问她是不是生气了，她却不满地咆哮："我没有生气！"在否认情绪的情况下，建设性的沟通很难进行。

不要轻描淡写，也不要夸大情绪。

轻描淡写是一种压抑，夸大情绪则会不知不觉加大情绪对生活的干扰。

不要笼统地描述情绪。

我试着安慰过很多闷闷不乐的朋友，他们情绪无法排解的一个重要原因是无法描述自己的情绪。不管什么不良情绪，都只会笼统地说一句：不开心。但这种不开心是灰心还是有压力，是愧疚还是嫉妒，是生气还是失望，还是多种情绪的混合，他们说不清楚。他们就像描述不清楚病情而耽误治疗的病人一样，不知该如何放下情绪包袱。

对情商高的人来说，情绪是复杂多变的，他们擅长用丰富的词汇来描述各种情绪状态的细致区别；情商低的人，只会用喜怒哀乐笼统地描述所有情绪，情绪世界对他们来说一片混沌，他们对情绪的变化也很迟钝。从女生口红的色号就知道光红色可以有多少种变化，但在糙汉子看来一概是红色。依赖少量词汇描述感受，就像只会用少量词汇描述颜色，调用有限颜色词汇描述不出世界的多姿多彩的本来面目，依赖少量词汇描述感受，理解不了复杂的人性和多变的心理。

别小看认识自身情绪的能力，它是情商最基础的能力，对情商养成极其重要。没有它，我们不仅无从谈自我情绪管理，也会对他人的情绪很迟钝。为什么这么说？

讲一个我6岁的小侄儿贝贝的故事，有一次当我和他谈起我做饭的趣事时，他特别不解地问我："你奶奶没有给你做饭吗？她不在家吗？"原来他家从来都是奶奶负责做饭，所以他以为天底下所有人的家里都是奶奶做饭。起初觉得他懵懂无知、童言无忌，可是细想，这不就是我们认识世界的方法吗？推己及人、以己度人。我摔在地上感到疼，所以后来看见其他小朋友摔地上的时候，我就对他们的疼痛有了同理心；别人当着我的面大力夸赞在场的第三个人的时候，我感觉自己被冷落，所以以后夸奖别人的时候，我会顾及第三个人的感受。

02 妥善管理自身情绪的能力

说到情绪管理，必须要明确两点：

首先，并不是所有的情绪都需要管理。

不仅愉悦积极的正面情绪不需要管理，通常一定程度内的负面情绪也不需要管理，它们不会对我们的生活以及人际沟通带来太大的干扰，甚至有时不激烈的、短时间出现的负面情绪还是有助益的。

我小时候有段时间因为上学寄住在姑姑家，姑姑批评我房间太乱，我有点生气，一气之下三下五除二就收拾好了房间，这要是搁平时磨蹭大半天也收拾不好。通过越来越多的生活经验，我发现轻微的压力可以提升表现，薄怒可以让行动更果决、高效。

真正需要管理的是：强烈的、持续时间长的负面情绪，如盛怒、长期焦虑、过度悲伤。不过，正常范围内的不良情绪可以自我管理，极端的不良情绪如抑郁症、躁郁症，需要药物治疗。

其次，避免冲动行事和负面情绪管理不是一回事。

顶头上司的严厉批评，你心里虽然觉得侮辱人、不公平，但也清楚地知道出言顶撞，激怒领导，可能会被炒鱿鱼，所以你没有冲动行事。可是你事后内心愤愤不平，仇视痛恨上司，无法专注工作。

你的座驾价格不菲，一个骑电动车的人说了句"有钱了不起啊"，在你加速前挑衅地在你的前头慢吞吞"之"字行走，"怒从心头起，恶向胆边生"，你很想撞上去，可是你清楚，如果出现伤亡，麻烦就大了，所以你没有冲动行事。可是你怒火中烧、骂骂咧咧，心里无法平静。

我们常常慑于权力和自身利益考量，避免自己冲动行事。但避免冲动行事和情绪管理不是一回事，没有冲动行事并不意味着你已经将负面情绪抛诸脑后，麻烦的是你虽控制住了行为，却放不下情绪包袱，注意力仍然被负面情绪支配，被负面情绪困扰。正确的情绪管理不是压抑情绪，而是疏导和化解情绪。

情绪管理最终目标不是做到无情绪，而是学会在不同的场合恰当地表达情绪，即使是正面的情绪。

大学毕业季，找工作的压力特别大。我当时的宿舍是四个人，一个已经找到工作，一个准备考研暂时不找工作，当我成为宿舍第三个找到毕业归属的人之后，我们合计去买一瓶红酒庆祝。我们太高兴了，只想着我们毕业的战斗取得了阶段性胜利，庆祝的同时也给考研和已找到工作的同学加油鼓劲，却没注意到第四个室友情绪有异，我们开了红酒之后，她终于哭出了声。

我们平时关系很好，大家性格都比较开朗随和，至少在我看来，关系比我上一个宿舍要和谐得多。对第四个室友的不高兴、哭泣，有两种反应：一种是她真没劲，为什么不能真心地为朋友的成功开心，太扫兴了；第二种是我们有点得意忘形了，没有体谅作为宿舍最后一个没找到毕业归属的人所承受的压力。

卡夫卡说："心脏是一座有两间卧室的房子，一间住着痛苦，另一间住着欢乐，人不能笑得太响。否则笑声会吵醒隔壁房间的痛苦。"

高情商的人明白自己的情绪表达对他人的情绪会产生直接的影响。如果没找到工作的同学能体谅找到工作一方的欣喜雀跃和如释重负，找到工作的同学能体谅另一方的焦虑和压力，双方节制地表达自己的情绪，就不会把宿舍关系搞僵了。这时候的情商，不是虚伪世故、城府深，而是一种善良的体谅。

情商高的人懂得如何恰当地表达自己的情绪。

有时候我们需要将情绪表达最小化，特别是职业场合。工作中情绪表达的规则和私人生活不同，情绪化、情绪外露是不专业的，我们常常需要压抑、隐藏自己的情绪。比如客服人员就算面对再令人反感、不可理喻的顾客，也要友好和善、保持微笑。甚至有一个专门的名词来形容这种工作场合的情绪管理——"情绪劳动"，这样的情绪隐藏何尝不是一种必要但辛苦的劳动。

有时候我们需要放大情绪表达，夸大自身感受，比如收到惊喜时、被欺负要告状的时候、博取同情请求帮助的时候。

有时候我们需要替换情绪，用一种情绪代替另一种情绪。比如婆婆用心地送了你一份礼物，你非常不喜欢，但你不能流露出不满意、失望的情绪，而是代之以欣喜的、感谢的情绪。这是一种社交礼仪。

在自身情绪管理层面，情商低有三种：第一种是骨子里认为管理自己的情绪是没有必要的，第二种是情绪不能自理，第三种是想管理情绪，但不知道如何有效地管理。

大学我曾经住过七人间的宿舍，有一位室友，她开心的时候，大家都好受，她不开心的时候，大家都不好受。很多次不知道是宿舍内还是宿舍外的人惹恼了她，她连续好几天板着脸，面无表情，和谁也不说话，想关心问她怎么了，也不答应，我行我素，仿佛大家都是空气。本来热热闹闹的宿舍，只要她一进来就变成低气压。几天来大家都过得很压抑，气起来想"以其人之道，还治其人之身"，也当她不存在。可是办不到，集体忽视她、自顾自地笑谈似乎是对她的不尊重和冒犯，有一点残忍。

　　这时候，我们才想起她平时最爱说的一句话："我这人就这样，情商低，没什么心机，高兴不高兴全都写在脸上。"用她的话来说，她最讨厌的是情商高的人，他们喜怒不形于色、虚伪世故、心机深。当时听这话的时候没在意，现在才恍然大悟，原来她把不分场合、不分对象的情绪宣泄当成了真性情，把情绪宣泄当成了既正确又合理的唯一反应方式，而把情绪管理和控制当成心机深、不坦诚。

　　情绪管理和控制能力强，当然是情商高。但高情商不等于要喜怒不形于色，不等于弄虚作假、言行不一，我们鼓励坦率、真诚的行事方式。但像她这样不分场合、不分对象的情绪宣泄绝不是坦率真诚。真正的坦率真诚应该是开诚布公地交流，表达感受但不宣泄感受，控制情绪而不是放任情绪失控。

　　她自以为简单、直率，可是我特别怕和她做朋友，她没有管理情绪的意识，情绪状态不稳定，总是反复无常，和她相处需要特别小心，长期交往起来很累。动不动就生气，动不动就耍性子，动不动就产生隔阂，不仅浪费彼此的时间，相处起来累，还破坏信任感、破坏友谊。

　　这样的人以自我为中心，缺少一种意识：在公开场合和集体生活中，情绪根本不是一个人的事了，它会影响别人。

在情绪管理方面，最可怕的是巨婴心理。婴儿的生活无法自理，哭了，要人拥抱抚摸或者喂奶换尿布。有些人仿佛一个巨婴，他们的情绪无法自理，我有情绪了我最大，大家都要来安慰我，大家都要听我抱怨和哭诉。

霖霖最近快崩溃了，她刚进公司两个月，因为最初是邻座的女同事帮助她熟悉公司的环境，所以在公司里她和这位同事最熟，可是没想到对方却把她当成了情绪垃圾桶。父母说了一句稍重的话她委屈，男朋友带她去玩没查好交通路线她发脾气，闺密的生日礼物不合她心意她生气，同事提醒她工作进度拖后腿有情绪，甚至连下车动作慢被公交司机吼了一句，也可以抓着霖霖吐槽半天。"我不介意偶然开解安慰别人，可是她太情绪化了，每天一丁点小事都可以让她抓狂，然后一股脑全倒给我，我又不是她的垃圾桶。"霖霖很苦恼。

这类人的情绪依赖别人来安抚，仿佛自己根本无能为力。

情商高的人和情商低的人，最大的区别并不在于情绪管理的能力和水平，而在于对情绪管理的态度和观念。

情商低的人觉得情绪不需要自我管理，任由情绪像一匹脱缰的野马，不管不顾，不计后果。他们要么把情绪当成自己的事，认为爱怎么样就怎么样，没必要管理，甚至把不分场合、不分对象的情绪宣泄当成真性情；要么把情绪当成别人的事，依赖别人来安抚和处理，他们是情绪无法自理的巨婴。

情商高的人则习惯于管理自己的情绪，情绪在他们手里是训练有素的士兵。他们明白产生负面情绪之后，要么控制情绪，要么被情绪控制。

为什么需要情绪管理？因为无论发怒、焦虑、悲伤，还是抱怨、嫉妒、挫折感……激烈的、持续时间长的负面情绪不仅是痛苦的折磨，而且对个人精力的损耗极大。一旦被占据注意力，不仅大大损害专注工作和清晰思考的能力，而且沉溺于情绪无益于取得有建设性的进展，只会降低生活的效率。情绪常常不只是我们一个人的事，它会影响他人。我们生活在一个高度互动的社会，一旦他人受影响，必然反作用于我们自身。

情商低的人，处理情绪主要是两种办法：宣泄和压抑。只是宣泄和压抑，只会加强情绪反应的强度，延长情绪反应的时间，而不是终止情绪。

那么情商高的人，是如何管理情绪的呢？

管理情绪有无数种具体的方法，但归根结底就两种：

一是通过暂时抽身来缓和情绪。

我们都有过这样的生活经验，情绪上头的时候一根筋，甚至造成情绪失控，事后后悔。情绪主导大脑的时候，理性就像被关了小黑屋。所以情商高的人，会想办法暂时从激发情绪的情境中抽身，当情绪得到缓和，理性就回来了。

他们会喊暂停，哪怕只是叫停对话，给自己一分钟的时间深呼吸，也不让自己头脑发昏口不择言；他们会暂时离开容易激化情绪的环境，在情绪形成风暴之前暂时抽身。散步、兜风、听音乐、吃美食、旅行散心都属于这一类，注意力暂时被转移，情绪也就缓和，理性回归之后，突然就发现一切都柳暗花明。

二是质疑和控制触发情绪的主观想法。

看过一则社会新闻，男子刘某小吃摊前不慎摔倒，可能是动作有点滑稽，围观者中有人笑了。要是换别人，这不过是无伤大雅的生活小插曲，最多有点尴尬，站起来拍拍屁股就走人了。可是在刘某眼里，这个笑成了不可原谅的恶意嘲笑，他恼羞成怒，竟然当街将对方捅死。

稍有理智的人看了这则新闻，都会觉得刘某反应过度，做法匪夷所思。可是在新闻后的留言评论里，我却看到有网友跟帖："也不能全怪这个姓刘的，谁让死者笑话他，活该被捅死。"

真的是这样吗？嘲笑一定会直接引发怒气吗？那为什么同样是当街摔倒被看笑话，刘某急怒攻心，冲动杀人，但有的人却可以一笑置之，甚至用自嘲来化解尴尬？他人的行为到底是如何转化为我们的情绪的呢？

　　这触及了情绪管理的本质。他人的行为和我们的情绪之间存在一个中间环节，就是主观想法。我们的情绪触发逻辑不是他人行为—情绪反应，而是他人行为—主观想法—情绪反应。主观想法就是我们解释、判断他人的行为的方式，它决定我们的情绪反应。

　　想法不同，面对同一个事件，不同的人会有不同的情绪反应。当街摔倒被笑话，心胸宽广的人想法是：自己摔倒的姿势挺滑稽的，自己都想笑何况别人，这事虽然有点尴尬，但没什么大不了，不如一笑置之；刘某的想法是：笑我的人是恶意的，是存心找不痛快，是践踏了我的尊严，一定要反击报复。不同的想法导致了不同的情绪反应，嘲笑不会直接引发怒气，真正引发怒气的是你的想法。

　　想法不同，面对同一个情况，同一个人也会有不同的情绪反应。你看了一个路人一眼，没想到竟然遭到对方无端的谩骂，如果你的想法是：我只是随意瞥了一眼路人并没有做错任何事，我受到了不公平的对待，你会感到委屈、气愤。但如果你的想法是：对方举止异常，可能是个精神病人，精神病人无法对自己的言行负责，我何必跟一个疯子计较，你的情绪就是释然，甚至是同情。一个人的想法改变了，情绪也会瞬间改变。

　　决定情绪反应的不是触发事件，而是人消化和理解事件的想法。所以管理情绪的重点就是质疑和控制触发情绪的主观想法。无论是自己开解自己，还是求助别人来开解自己，本质上都是通过审视内心真实想法，质疑并调整想法，来调整情绪。

认识到情绪触发逻辑不是他人行为—情绪反应，而是他人行为—主观想法—情绪反应，还有一个重要意义，那就是我们每个人都应该对自己的情绪负责。

情商低的人，总是振振有词地指责是别人惹自己不开心，是别人让自己陷入某种不良情绪。他们倾向于把自己的不愉快感受归咎于他人，所以总是认为自己的情绪是合理又正确的反应，也因此不愿意管理自己的情绪。但实际上无论他人对你做了多么过分的事，他们都无法将情绪强加在你身上，是你的想法制造了你的情绪，你应该为自己的情绪负责。

说到提高情商，很多人只想学到用在别人身上的技巧，却忽略了对自身情绪的控制和管理。沟通是相互的事情，眼睛只盯着别人是不够的，你还要学会打量自己。

03 自我激励的能力

不知道从什么时候开始，大多数人都把情商完全等同于一种沟通能力。

　　这也可以理解，因为无论是识别自我情绪的能力、管理自我情绪的能力还是识别他人情绪的能力、处理人际关系的能力，情商的各个面向都是放在人际交往的情境里考虑的，对人际沟通最大的干扰就是互动过程中人的情绪。

　　但其实情商不止体现在和别人沟通的能力，还体现在实现目标过程中的自我激励能力。情绪不仅干扰沟通，也干扰我们的表现。

　　情绪调节能力差的人，常常受到痛苦情绪的困扰。他们因为恐惧而声音颤抖，无法演讲比赛；因为焦虑而无法集中精神，在考试中失利；因受挫而酗酒、暴食、沉迷游戏，把生活搞得乱七八糟；因为压力而逃避任务，用拖延搞砸重要的事。

　　情绪调节能力好的人，冷静、自信、乐观、自律，能更快地从生活的挫折和烦恼中恢复，在高压和焦虑之中依然能够专注。

　　美剧《纸牌屋》第五季中美国大选，康威夫妇和安德伍德夫妇展开角逐，康威夫妇败选的主要原因就是：康威竞选以来一直处处领先，在票数上占优势，却被安德伍德用阴招钻了规则漏洞，导致选举结果不作数。本以为稳赢的康威接受不了这样的结果，愤怒、不甘心再加上战争带来的创伤后遗症，他屡屡情绪失控，甚至出言不逊给对手留下把柄，让竞选团队以及背后金主都对他失去信心，最终被无情抛弃。而反观安德伍德夫妇，四面楚歌却越挫越勇。情商低的人在压力和挫折面前不堪一击，情商高的人却有本事"泰山崩于前，而色不变"。

自我激励的能力，其实也是自我情绪管理的一部分。上文提过，触发情绪的不是他人行为、外部处境，而是我们的想法。情绪管理最好的方法就是质疑和控制触发情绪的主观想法，所以我们可以通过心理建设来完成自我激励。

毕业后第一次找工作，因为没经验，求职时较于用人单位是弱势一方，面试前我总是感到万分焦虑，因为每次面试，我内心潜在的想法是：这是我能找到的最好的工作了，这是我实现人生目标的唯一机会，如果我失败了我将万劫不复，我一定要表现到最佳，不容许任何失误。

后来我把想法调整为：有很多工作机会，即使暂时不可见，也不意味着我没选择了。这次面试我会尽可能表现到最佳，即使没通过考察也没关系，就当是一次试错，让我离更适合我的工作更近一步。另外，面试是双向选择，你被挑选的同时，你也在挑选对方。不能因为在求职市场弱势就完全对用人单位没要求，不要忘记面试时还带着考察用人单位发展前景、个人成长空间、薪酬待遇等信息的任务。调整想法之后，我就不再那么患得患失、焦虑不安。

04 认识他人情绪的能力

批评一个人情商低，炮火主要就集中在这一点了。

认识他人情绪的能力，表面上看只要会察言观色就可以，其实要真正地了解他人的感受，更重要的是内在的同理心。察言观色只能帮助你知其然，同理心能让你知其所以然。察言观色，是在言出色显之后再解读他人的情绪，同理心却可以让你不动声色，想在人前。

同理心，是情商非常核心的部分。高级的情商，来自强大的同理心。

而很多低情商的行为都可以归结为缺乏同理心。

低情商的人以自我为中心，不顾及别人的感受。

南南是我的表妹，今年大二，因为一个室友太难相处，申请调换宿舍又不顺利，所以准备退掉宿舍，和其他几个室友在学校附近租房子住。南南觉得再住下去，大学生活都要被毁了："什么情况？就一句话，她睡了全寝室都要睡，她醒了全寝室都要醒。我们实在受不了了。"

而高情商的人则"润物细无声"地照顾别人的感受。

我们大学有个食堂，饭桌都是一张桌子四把椅子的配置。有一回很尴尬地刚好五个同学凑到一起吃饭，我最后才打好饭菜回来，所以就落单了。我最喜欢吃饭的时候大家在一处热热闹闹地说话，看她们谈笑风生的，老实说我心里觉得有点孤单。结果，最温柔的那个女生，和其他人打了声招呼，就悄悄端了餐盘过来陪我吃饭。情商高有时候就是一种善良。

低情商的人，体会不到别人真正的需要。很多男生因为只会对女生进行"多喝水"式的关心被口诛笔伐，不排除有一些是因为不够真心，但确实有很大部分是因为真的不知道除了说"多喝水"之外还可以说什么，做什么。

低情商的人，无法感知别人的痛苦。

小离是我中学时候的同学，她妈妈在她上小学的时候就去世了，这是她心里最敏感的地方，知情的几个同学从来都是小心翼翼地不提这事。有一回她来我家玩，我家里刚好来了个亲戚，这个亲戚和小离的舅舅家可能是旧识，见过小离一两面，也知道小离妈妈的事。她操着一口方言，揪住小离就问：你是××的外甥女吗？小离一下没反应过来，她不耐烦地追问：哎呀，我问你，你妈是不是早就死了？也许她觉得用这件事来确认小离是不是××的外甥女，可以更快得到答案，可是却不知道她的这句话让小离哭了好久。

低情商的人口无遮拦。我以前公司有个女同事，女儿4岁，儿童节幼儿园组织了小朋友表演，她家女儿是第一次当众表演，所以她特兴奋地拍了很多照片，来公司就拿手机翻给我们看。大家都赔笑地夸可爱，结果有个同事路过瞧见，幽幽地来一句：长得真丑，没觉得可爱。孩子在父母的眼里总是最好的，女同事当时脸都黑了。

其实孩子长相很普通大家心里都有数，但有时候看破不说破是一种美德。很多人缺乏同理心，说话做事不顾及他人的感受，常常口无遮拦伤人，可是他们偏偏事后又希望对方把这理解为坦率，引为优点，并宽容他的无礼。

低情商很多时候的根结就在于了解他人感受的能力低下：对方已经频繁看手表了，你还拉着人家高谈阔论；人家已经在努力转移话题了，你还没意识到刚才被你当成谈资的，是人家不愿意被第三方知道的隐私；或者把每次谈话都变成自己的个人表演秀，不给别人一丁点说话的机会；还有一种低情商是秀优越感，贬低别人抬高自己。朋友马上要去丽江旅行，兴奋地整理各种攻略，你却不屑地说你上初中那会儿就去过丽江，一点都不好玩，不如加钱去日本玩一趟。这已经不是你第一次优越感作怪泼冷水了，朋友没说什么，只是后来渐渐就和你疏远了。

电影《阿凡达》中，生活在另一个星球的阿凡达们只要辫子相连就能沟通心灵，也就是说他们的感官可以抵达另一具肉体，但人类的感官止于皮肤，当语言沟通不能帮助我们理解别人的时候，我们就只能靠同理心。

　　所谓的情商高，其实就高在同理心，他们懂得换到别人的立场考虑问题，理解别人藏在内心没有说出口的感受，能从细微之处判断他人行为的动机，体察和领悟对方真正的需要。

05 管理人际关系的能力

　　管理人际关系最核心的是什么？是管理他人情绪的能力。

　　孩子崩溃大哭，你如何安抚？朋友焦虑不安，你如何劝慰？爱人生气发火，你如何平息？下属消极怠工，你如何鼓舞？同事抬杠不合作，你如何摆平冲突？潜在客户厌烦没耐心，你如何赢得信任？

　　处理他人情绪是情商的高阶运用，不仅要求我们能了解和控制自己的情绪，还要求我们具备识别他人情绪，以及准确回应、有效调节他人情绪的能力。

　　《红楼梦》中王熙凤第一次出场，见到林黛玉时说过一句话："天下真有这样标致的人物，我今儿才算见了！况且这通身的气派，竟不像老祖宗的外孙女儿，竟是个嫡亲的孙女儿。"短短的一句话既夸赞了林黛玉，又奉承了贾母，还连带着夸赞了在场的贾家的三个小姐。四两拨千斤，让大家伙儿都高兴，是高情商、会说话的典范，展示出高超的管理他人情绪的能力。

但调节他人情绪层面的高情商，绝不只是会讨好别人、和别人处好关系这么简单。它是一种综合的社交能力，懂得如何有效调节他人的情绪，不仅可以改善人际关系，还可以鼓舞、劝服、影响和安慰他人。它关系一个人培养亲密关系、扩展和维护人脉、解决冲突、谈判博弈、领导力等各方面的表现。

1919年巴黎和会，日本要求无条件地接收一战战败国德国在山东的权利。中国代表团和谈代表顾维钧发言："中国的孔子有如西方的耶稣，中国不能失去山东，正如西方不能失去耶路撒冷。"他的精彩发言在掌声中结束，并在各界引起轰动，巴黎和会三巨头美国总统、英国首相及法国总理均上前与顾维钧握手道贺。

这句话的厉害之处不仅在口才，更在于他高超的情商技巧，用耶稣和耶路撒冷巧妙地引发了西方人的同理心，触动了西方人的情绪，获得在山东问题上西方人情感上的共鸣。

说起情商，有几点需要澄清。

1）情商是一种综合能力，我们会偏科。

我们已经详细地分析了情商的含义，它包括：认识自身情绪、管理自身情绪、自我激励、认识他人情绪、管理人际关系五个方面的能力。像我们上学时学习语数英理化生政史地会偏科一样，情商这门学问我们也会偏科。

有的人擅长分析和管理自己的情绪，但对待别人的情绪时却很笨拙。有的人善于体察他人的情绪，却不知道应该拿自己的情绪怎么办。情商是一种综合的能力，一个人在这方面情商低，在另一方面可能情商很高。

2）不应该污名化高情商。

一直以来对情商有很多污名化，甚至有人说："拼情商的社会是病态的社会，因为它不允许人们真诚、简单、坦率。"

把高情商等同于不真诚、不坦率，这是最严重的污名化。

一把铁锹，可以当作劳动工具，用来挖土、铲土，也可当作犯罪工具，用来砸碎人的脑袋。你可以说使用铁锹的人是好人还是恶人，但你不能说一把铁锹是好铁锹还是坏铁锹。

情商其实也是一把铁锹，它是一种中性的能力。虚伪狡诈的人可以是高情商的，善良真诚的人也可以是高情商。比方说职业骗子大概就是情商最高的一类人。你可以批评一个情商甚高而行事却不磊落的人，人品卑劣，但是你不能说情商高等于人品卑劣，情商高的人都人品卑劣。

3）高情商不是一味地讨好逢迎。

很多人把情商高理解为不得罪人，把情商高的人理解为零差评的滥好人，无原则地迎合他人，说别人爱听的话，做取悦他人的事。他们希望所有人都喜欢自己，甚至让自己不喜欢的人也觉得他们很友好。在这个过程中不断压抑自己的真实感受，隐藏自己的真实情绪。所以他们看起来脾气好、不发火、好相处。这种所谓的"高情商"只顾着让别人舒服，自己却百般不舒服。

这真是天大的误解。

情商的含义包括：认识自身情绪、管理自身情绪、自我激励、认识他人情绪、管理人际关系五个方面，也就是说真正的高情商需要同时考虑他人和自己，在顾及他人的感受以及忠于自己的需要之间取得平衡。他们批评却可以让人心悦诚服，他们拒绝却可以获得理解，他们维护自己的权利却可以赢得尊重。

高情商绝不是一味地逢迎讨好。

4）情商高低不止取决于会不会，还取决于愿不愿意。

有不少在职场长袖善舞，把领导、客户照顾得妥妥帖帖的人，家庭关系却非常紧张，在家里脾气暴躁，对亲密的家人经常恶语相加。所以有时候我觉得情商高低不仅取决于会不会，还取决于愿不愿意。

什么样的人是沟通高手?
——好的沟通者，首先要学会打量自己

沟通能力指的是：能在大多数情况下维持或增进关系，并借此实现自己目标的能力。

我们都希望成为在人际沟通中无往而不利的沟通高手，但是什么样的人，才有资格被称为沟通高手呢？

沟通高手或许千人千面，但是他们通常有以下共同的特质：

01 懂得在不同的情境中挑选合适的行为

沟通高手拥有多样的行为反应。

举个例子，假如你来自河南，当你听到熟人讲了一个对河南人明显带有地域歧视的笑话，觉得自己被冒犯了，这个时候，你会如

何回应?

你可以保持沉默;

你可以针锋相对,反唇相讥;

你可以请第三方提醒说笑话的那个人,注意自己的措辞;

你可以暗示说笑话的人,比如用尴尬、僵硬的微笑,让他感受到你的不舒服;

你可以以开玩笑的形式表达不满,同时借着幽默减弱自己言语的攻击性;

你可以坦白你的不适,并且要求朋友停止谈论这个笑话;

你还可以直接叫他别说了;

…………

沟通高手的特质之一,就是拥有一个庞大的沟通行为资料库。面对一种情境,特别是棘手的境况下,他们可以想到,也知道自己可以有多种回应方式,并会有意识地从中选择一个对自己最有利、对他人最有效的方式。当一种方式没有取得理想的结果时,他们会迅速做出调整。

而差劲的沟通者就像只会弹奏一种旋律的钢琴师、只会做几道菜的厨师一样,无论在什么场合,只会本能地做出单一的反应,对环境没有适应能力。他们的思维常常是非此即彼的,比如上面的例子,差劲的沟通者就只想到沉默隐忍和攻击回敬两种反应方式,要么忍要么狠，看不到自己其实还有其他选择。他们在社交场合的笨拙，本质上是对环境没有适应能力。

拥有多样的行为反应只是基础，沟通高手最关键的是拥有挑选恰当行为的能力，他们知道什么样的情况采取什么样的行为最合适、最有效。当你无法决定要做什么反应的时候，可以学他们从三个方面进行判断。

一看情境，沟通高手明白没有放诸四海而皆准的沟通技巧，时间和地点常常影响沟通的结果。

可以逗得熟识的同事全场大笑的段子，初到公司的时候讲，可能会换来满场尴尬；约会迟到的时候，应该先真诚地表达歉意，一个劲说甜言蜜语可能只会让女朋友觉得你油嘴滑舌、不真诚，但如果在送了一束香槟玫瑰之后说同样的甜言蜜语，就会增进两个人的亲密感。

二看你的目的，是疏远、增进还是维持现有关系。如果你想融入一个新集体，那积极参与每一项集体活动，可以帮助你快速和大家建立联系，如果你拥有更多的个人时间，做自己喜欢的事情，适当地拒绝可能是更好的选择。

三看你对他人的认知。前面地域歧视的例子中，如果说笑话的人是长辈或上级，或许保持沉默是最好的选择；如果是细腻而敏感的朋友,暗示一下他可能就知道自己行为不妥,如果反唇相讥,很可能会让他恼羞成怒,进而毁掉你们的关系;如果是一个交情很深的老朋友,你就可以直率地坦白自己的不适。

你还要明白,每个人都有自己的背景,你面对的每个人,都带着他的过去来和你相遇,个人经验、原生家庭、教育程度、经济实力、身份地位等所有的因素都会影响沟通过程。

也许你很善于处理与自己对等的那些人的关系,但在和比自己年长或年轻,富有或贫穷,更具吸引力或更缺乏吸引力的人交往时,显得很笨拙。比如,你和朋友们玩得很好,但是却处理不好和长辈、上级的关系。

真正的沟通高手自信从容,他们擅长和不同的人打交道,他们不仅因时因地,也因人而异地调整沟通策略。

02 沟通高手更有同理心

同理心被认为是"社交智力"的本质,它指的是从另一个人的角度来体验世界、重新创造个人观点的能力。

同理心和同情心不能混为一谈,同情心表示你用自己的观点来看别人的困境进而产生悲悯之心,而同理心是指你用对方的观点设身处地地思考他的处境而感同身受。

不知道你有没有遇到过这样的事：你把自家孩子的旧衣服送给穷亲戚，对方虽然接受了，却没有你想象的那么感激和开心。你在心里生闷气，觉得自己好心被当成了驴肝肺。你没有意识到，自己一厢情愿的好心其实伤了别人的自尊心，让对方家庭的全体成员都感到难堪。

这是典型的有同情心没同理心的行为。

香港真人秀《穷富翁大作战》是富豪版《变形计》，邀请富豪体验底层生活。来自香港江南四大家族之一的富豪田北辰，原来的座右铭是"如果你有斗志，弱者也可以变成强者"。

作为既得利益者，他的观点带有明显的社会达尔文主义倾向。这句话残酷的言外之意是，这个社会是优胜劣汰的，更聪明、更勤奋的人理应拥有更多的资源，穷人之所以穷，弱者之所以弱，是因为他们不上进、不勤奋、不聪明，他们活该为自己的处境埋单。

当他按节目的安排体验了两天挣扎在温饱线的环卫工生活后，他的观点改变了。底层环卫工们工作不可谓不努力，扫了一天大街后还要上夜班，但即便如此也只能维持最紧巴巴的生活。因为受教育程度低，只能做低回报的体力工作；因为花了太多时间做劳苦工作，不仅疲惫不堪，提升自己和寻找更好工作机会的时间几乎没有，所以便陷入死循环。

努力工作就能改善生活吗？穷人可以靠努力翻身吗？田北辰终于意识到，在强弱对比悬殊的情况下，马太效应控制着这个世界，只有弱者越弱，越来越惨。哈佛毕业的田北辰说，这个社会在极严厉地处罚读不成书的人，整个经济结构，让没学历、低技能的人过着非人的生活。他开始考虑，弱肉强食的商业世界之外，政府是否应该给最底层的人一个稍微像样一点的生活。

根据后续的追踪报道，田北辰从政后成为少数为底层发声的议员。一个含着金汤匙出生的人，从小养尊处优，高姿态地去捐款、去做慈善，可能是出于同情。但当从底层的角度体验过世界之后，理解了底层的没有出路，重塑了对贫穷的认知，开始通过自己的努力来改善穷人的处境，这个叫有同理心。

谈远了，说回沟通中的同理心，它包括三个层面。

一是观点上，你先把自己的意见放到一边，你试着去理解别人的观点。同理心并不意味着你要同意对方，但可以帮助你在争执的时候快速找到基本共识。

二是情感上，你去体验别人的感受，体验他们的恐惧、悲伤与失望。

三是关心对方的福祉，不光是和对方有一样的想法和感受，而且是进一步真诚地为他们的利益着想。

　　沟通高手的另一个特质就是更能设身处地地换位思考。有人说，做人的最高境界是让人舒服。怎么让人舒服？靠的就是同理心。

　　在观点上有同理心，所以试着尊重，不轻易下判断；在情感上有同理心，所以不会忽略别人的感受，而能妥帖地照顾到每个人的感受；在别人的福祉上有同理心，所以知道别人想要的是什么，不轻易倾轧和掠夺，更能恰当地给予。

03 沟通高手会进行自我监控

　　什么叫自我监控？观察自身的行为并借此调整自身行动的过程。

　　林黛玉初入贾府，就是典型的高度自我监控的状态，她小心翼翼地观察别人如何行动，"步步留心，时时在意"。最典型的是她关于读书问题的两次不同回答，她意识到自己的回答不妥当之后迅速改变了答案。

　　贾母因问黛玉念何书。黛玉道："只刚念了《四书》。"黛玉又问姊妹们读何书，贾母道："读的是什么书，不过是认得两个字，不是睁眼的瞎子罢了！"

　　宝玉便走近黛玉身边坐下，又细细打量一番，因问："妹妹可曾读书？"黛玉道："不曾读，只上了一年学，些许认得几个字。"

　　如果说同理心让我们更了解别人，那自我监控就是让我们更了解自己。

　　自我监控的人可以意识到自我的行为并且深知其影响。

　　与上司出现重大分歧时，如果摔门而去，之后如何收场？与丈夫吵架，如果拿他的身高、家境等他本来就自卑的短板去攻击他，是否会造成永久的裂痕？我如实地评价了朋友的新发型，她似乎变得很低落，下一次我是否应该用更鼓励、更委婉的语气？这个同学今天总是有意无意地挖苦我，我们之间是不是有什么误会？

　　自我监控者会在做出反应前考虑行为的后果，做出反应后根据反馈评估自己的行为，然后做出有建设性的调整。但不善于自我监控者显得笨拙迟钝，他们做得好或者做得不好，自己甚至不能理解原因，常常伤害、得罪、引人尴尬而不自知，因为任性而把自己置于无法收拾的境地。

　　沟通高手明白沟通是不可逆的，我们没办法回到过去，抹除不当的行为或言辞，所以说话做事更加审慎。一句话说出口之前，你是它的主人，说出口之后，你就变成了它的奴隶。你需要承担自己言行的一切后果。

　　如今很普遍的现象是：自我监控在网络世界变得很弱，不计后果发布信息的倾向在网络世界很常见。心理学上把这个叫作"去抑制"，即个体因内心准则和社会规范的制约而形成的自我克制大大削弱或不复存在，人们在网上的行为表现出一种解除抑制的特点。

有一次，和菜头发表了一条对国际政治的调侃，被骂吃屎后他挂出对方照片，并反唇相讥："删图干吗？你口口声声要我吃屎的时候，你不胆气十足吗？怎么，看到自己的脸，突然意识到这玩意儿你还要？才意识到在网上也有注意言行一说？才知道你原先跋扈那是因为遇见的人能忍？好了，大家来看一下什么叫坛子脸。图中左一就是示例，把脸放在坛子里生长，慢慢脸就变成16：9了。"

不评论和菜头的行为和言论是否妥当，但"才意识到在网上也有注意言行一说？"这一句让我感触很深。伊能静、王琳也挂过网友言论，说真的，即使没有人来追究，那些恶毒、不文明、卑劣的言论到底是会让当事人难堪，还是让发言者蒙羞？在家人、朋友、同学、同事面前，这些人还会发表同样的言论吗？

一个成熟的沟通者，无论在线上线下，都不会放松自我监控，都会对自己的行为负责。

04 沟通高手不会输给情绪

人与人之间的互动无时无刻不受情绪的影响，要顺畅沟通，一定要过情绪这一关。心理学家专门用"情商"这个词来描述我们处理自我及他人情绪的能力。眼下，情商高几乎已经成了沟通能力出色的代名词。

在沟通过程中，我们不仅需要识别和控制自己的情绪，还要学会体察和准确回应他人的情绪。沟通高手一定是能驯服情绪的人。

情商涵盖的内容和技巧非常丰富，接下来我准备用专门的章节详细分析，这里且按下不表。

05 沟通高手懂得如何赢得信任

珊珊是我的表姐，我曾经最羡慕她的一点是，她是我见过的人里小孩缘最好的一个。亲戚里的小朋友们特别听她的话，不仅愿意跟在她屁股后面，还把心里话全都跟她说，一段时间不见还天天想着念着。

沟通高手有一种魔力，其他人更愿意信任他，而不是防备他；更愿意和他合作，而不是和他对抗。差劲的沟通者当长辈，小孩调皮捣蛋搞破坏，好的沟通者却可以成为小孩最喜欢的朋友。差劲的沟通者当领导，下属心怀怨恨敢怒不敢言，集体消极怠工；好的沟通者不仅能让下属全力以赴，还让他们对自己敬重有加。

沟通高手不是用暴力、权威逼迫别人屈服，而是用人格魅力赢得青睐。

06 沟通高手具有清晰表达的能力

一般人提到沟通高手，脑子里总是浮现出一个能说会道、口齿伶俐的形象。但能说会道的不一定是沟通高手，也可能是最差劲的沟通者。

我是吃了亏才明白这个道理的。

我曾经自恃能说会道，总是牢牢霸着话语权，不断打断别人，不断把话题转移到自己身上，不给别人一点说话的机会，把沟通变成个人秀；我自恃口齿伶俐，始终要在言语上胜过别人，与人对话咄咄逼人，抓住漏洞不依不饶，常常把别人逼到墙角，把别人说得哑口无言。

最滑稽的是，我还自我感觉良好，觉得自己语言表达能力好，沟通能力强，却忘了沟通是大家共同参与的过程，是信息的双向交流，不是争话语权、拼输赢的比赛。我活到这么大，那段时间是我人缘最差的时期。

真正的沟通高手，擅长营造友善平和的沟通氛围，"语欲胜人"正是大忌。

所以在语言能力上，沟通高手不需要有雄辩的口才，只要具备清晰表达的能力就够了。他们不逞口舌之能，但他们的语言是简洁的、有重点的、能让对方快速领会的。

沟通能力是可以习得的。

我所理解的沟通高手，不是大家刻板印象里伶牙俐齿、长袖善舞、八面玲珑的圆滑处世之人。当一个人给人这种相对负面的印象时，他就已经不能算是沟通高手。因为沟通并非是我们用在别人身上的技巧，而是我们与别人共同参与的过程。

沟通高手是那些具有看入人里、看出人外的洞察力的人，因为了解自己所以能很好地控制自己的言行，因为了解他人所以能做出得当的反应；是那些相处起来很舒服的人，他们能在坚持自己的原则和照顾他人的感受之间取得微妙的平衡。他们从容优雅、进退有度，他们的沟通行为恰当且有效。

我相信，沟通能力是通过不断的学习、训练、调整而提升起来的，没有人是天生的沟通高手。愿你的精进之路，少走弯路。

最棘手的沟通
——普通谈话是如何升级为关键对话的？

很多人对情商智慧和沟通技巧不以为然，他们认为：我对人只要一颗真心就够了，根本不需要任何技巧，持这类观点的人不在少数。

那么，事实是这样的吗？

01 最棘手的沟通：有冲突、有风险、有情绪

想象一个极端的沟通情境：一个抢劫犯当街作案后被警察围捕，情急之下他持刀挟持了一个孩子。他情绪非常激动，一边把刀架在孩子的脖子上，一边喊话要求警方立刻准备一辆加满油的汽车。情势危急，警方出动了经验丰富的谈判专家。

这个对话有三个特点。

第一，对话双方有冲突。

警方想把嫌疑犯抓捕归案，嫌疑犯拒捕；嫌疑犯挟持人质威胁警方准备车辆供他逃跑，警方必须保障人质安全，同时控制嫌疑犯。

第二，谈话有风险。

这是个性命攸关的谈话。如果谈判专家与嫌疑犯的谈话失败，被挟持的孩子危在旦夕，嫌疑犯还可能做出自残或伤及其他无辜者的行为。

第三，对话者情绪激烈。

嫌疑犯情绪激动，一方面，他可能情绪失控、不顾后果，做出不可挽回的危险行为；另一方面，人在情绪激动的情况下，会变得油盐不进，很难沟通。

这样的情形需要谈判专家具有高情商、高超的沟通技巧，才能应对。

肯定有读者笑了，人质挟持事件虽然经常出现在警匪片里，偶然也会出现在新闻报道里，但普通人撞见并参与其中的概率比中彩票高不了多少，这跟我们有什么关系？

是的，普通人碰到这样极端事件的概率极低。但你有没有发现，我们的日常生活中，类似的具备以上三个特点的沟通情境很多。双方有冲突、谈话有风险、对话者情绪激烈，沟通因此变得复杂棘手，和人质挟持事件如出一辙。

《关键对话》一书把这样的棘手沟通情境单独拎出来，称为"关键对话"，以区别于普通谈话。这里的关键对话，指的不是分分钟几千万元上下的商业并购谈判，也不是各国政要聚首洽谈全球大事的会议，而是指影响我们生活的日常对话。

在有冲突、有风险、有情绪的棘手对话中，只有一颗真心是远远不够的，有效沟通需要情商智慧和沟通技巧来支撑。

樱桃是事业发展到关键期的公司主管，同时也是一个2岁孩子的妈妈，因为夫妻俩平时工作比较忙，孩子主要是婆婆带。这一天，樱桃又一次看见婆婆先用自己的嘴咀嚼饭菜，再吐出来喂给孩子，她终于忍不住了。

"妈，这样喂孩子不卫生，而且小孩在发育的时候，要学着自己嚼东西，自己消化东西，你帮他嚼反而对他不好。"樱桃起初尽量克制自己的情绪耐心解释。结果婆婆一听就火了："不卫生？你是嫌我脏咯？我大老远跑来帮你们带孩子，还要被你嫌弃！我自己的孙子，我会害他吗？这个不可以那个不可以，有什么不可以的，他爸爸当年就是被这么喂大的。"

两个人长期以来因为育儿理念、生活习惯不同积攒起来的矛盾，一下子就爆发了。她们都觉得对方不可理喻，两个人情绪激动，互相指责。大吵一顿之后，双方又陷入旷日持久的冷战。孩子爸爸夹在中间也不知道怎么办才好。

樱桃不是个例，发生在她家里的事，发生在许许多多三代同堂的中国家庭。在这个故事里，樱桃和婆婆都是真心为孩子好，她们和对方说的话也全都是出自真心。但沟通很多时候是一件非常复杂的事，只有一颗真心是远远不够的。沟通技巧不是真心的对立面，它只是一种更成熟、更有效的表达方式。

樱桃的故事，虽然没有人质劫持谈判那么极端，但本质上面临着相同的困境。

双方的分歧是冲突的起因。

樱桃认为，替孩子咀嚼饭菜是不卫生和不健康的，她有科学依据：嚼饭的人如果有疾病，会把病毒细菌带给孩子。而且这种喂饭方式，替孩子消化了一部分，会干扰孩子自身咀嚼能力及消化系统功能的发育。而婆婆则认为她是在帮助孩子，这样做没毛病，她有经验依据：当年她也是用这样的方式喂大自己儿子的，照样白白胖胖健健康康。

谈话有风险，因为谈话的结果会对她的生活质量造成重大影响。

樱桃和婆婆的沟通，不仅将影响孩子的喂养方式，还会影响今后的婆媳关系。婆媳俩在同一个屋檐下生活,婆媳关系恶化会产生连锁反应,影响到她每一天的生活,甚至波及夫妻关系。如果最终婆婆出走,她有三种选择,第一种是请保姆,但要考虑经济承受能力;第二种是兼顾工作和带孩子,这样会比较辛苦;第三种是辞职自己带孩子,将放弃事业发展。

这个谈话里伴随着很激烈的情绪。

正是情绪的干扰,让对话变得复杂、棘手。倘若双方能心平气和地对话,即使存在分歧,也容易商讨出双方都能接受的结果。但一旦情绪介入,分歧就会变成不断激化的冲突和矛盾。

樱桃和婆婆的矛盾变得不可调和,主要的原因就是双方的情绪非常激动,这个时候沟通基本停止,只剩下彼此攻伐。只有两个人情绪冷却,冷静下来,僵局才能打破。

02 普通谈话是如何升级为关键对话的?

沟通难,难在哪里?难在有冲突、有风险、有情绪,这是最考验沟通能力的时刻。那么普通谈话是如何升级为关键对话的呢?

沟通者之间一定有冲突,如果大家和谐一致那就什么问题也没有了。

造成冲突的原因很多,有时候是因为观点存在很大的差距,如樱桃和婆婆对大人咀嚼喂食孩子的看法不同,引发冲突;有时候是因为双方目标不相容,比如大妈想要跳广场舞锻炼身体,但周围的居民却想要一个相对安静的环境;有时候是因为有限资源的争夺,一方得到可能意味着另一方失去,家里可支配的闲钱不多,丈夫想买单反,老婆却想买包包。但不管是什么原因,每个人都坚信自己是正确的一方。

谈话有风险,沟通结果可能对生活产生重大影响,那它就不再是普通谈话。关键对话之所以关键,我们之所以不敢掉以轻心,原因就在这里。

对谈话风险的评估会决定一个人的沟通态度。

你是一家中等规模公司的老板,一年来有意在控制人事成本。刚好最近有一个员工来找你谈论加薪的问题。如果这个员工可替代性很强,即使离职对公司的影响也不大,这个谈话对你来说就只是普通谈话;但如果这个员工不可替代,不仅掌握客户资源,还在负责重要项目,你既要控制人事成本,又要安抚对方的情绪,避免人员流失对公司造成重大损失。这个谈话对你来说,就是关键对话,你需要小心沟通。

为什么谈话会有风险?一般情况下,是因为沟通者同在一个互相依存的系统中,一个人的行动会决定另一个人的福祉和满足感。

双方的依赖程度越深，沟通的风险越大。

我们和室友只是临时同租的关系，和室友谈崩了大不了老死不相往来，就算换一个室友对生活不会有太大的影响。而夫妻之间，感情、孩子、利益、社交圈等全都捆绑在一起，夫妻之间谈崩了，影响生活的方方面面，如果闹到离婚，对多数人来说就是一个生活大地震。

当沟通双方对一段关系依赖的程度不同时，双方的风险就是不对等的。就像下属和上司、求职者和面试官，弱势的一方承担更多的沟通风险。

只不过，人对沟通风险的评估很多时候是短视的。我之前提过一个观点：情商高低不只取决于会不会，还取决于愿不愿意。有不少在职场长袖善舞，把领导、客户照顾得妥妥帖帖的人，家庭关系却非常紧张，在家里脾气暴躁，对亲密的家人经常恶语相加。这就是这群人只看到职场利益相关、短期可见的风险，却看不到长期夫妻关系、亲子关系不良，对整个人生幸福度的影响。

分歧让我们开始沟通，风险让我们重视沟通，但真正让沟通变得棘手的是情绪。激烈的情绪让沟通者失去理性，会把小分歧变成大冲突，风险也变得无法估量，普通谈话竟然瞬间升级为高风险对话。

不知道大家还记不记得，2017年2月震惊全国的武汉火车站杀人事件。

其实双方最开始只是小分歧，面馆一碗热干面标价4元，面馆老板宣称涨价要收5元。食客胡某质问为何标价4元却要收5元，并坚持只按标价付账。面馆老板是个暴脾气："我说几块钱一碗就几块钱，你吃得起就吃，吃不起你莫（不要）吃，你给老子滚。"接着又先动起手踢打和掐对方脖子，身材弱小的胡某不敌。

殊不知这个胡某有精神疾病，情绪状态比常人更加不稳定，且有暴力倾向。不敌面馆老板的他，转入面馆内屋厨房找来一把菜刀，对面馆老板一顿乱砍，最终竟然砍下面馆老板的头颅丢进垃圾桶。

正是双方激烈的情绪，让1元钱的小小分歧引发惊天血案，面馆老板没有想到这次谈话的风险竟然是生命的代价。

我们的日常生活中不会有人质劫持事件，也不会有武汉火车站杀人事件，但我们却可以从这些极端事件中窥到沟通的本质。下面这些常见的生活场景，它们何尝不是低配版的人质挟持和武汉火车站杀人事件？

一起出门旅行的情侣，对行程安排有不同意见却不注意沟通技巧，情绪累积逐渐失控，小争执变成大争吵，最终关系急转直下以分手告终。

　　合作的同事，对工作有不同看法却沟通不良，正常的讨论最终变成针锋相对的攻击，两个人因此有了过节，从此彼此嫌恶、互相排挤，甚至给对方使绊儿，直到一个人被逼走。

　　本来其乐融融的家庭，因为孩子到了青春期全变了，亲子之间沟通不畅，谁也不理解谁，最亲的人仿佛成了仇敌。

　　试着反思一下你的人际冲突，你们的分歧具体是什么？谈话结果会给你的生活带来什么影响？双方是否太过情绪化？

03 我不同意沟通不需要技巧的说法

　　当我听到别人说，与他人相处只要一颗真心就够了，不需要任何技巧。我不同意，但我可以理解。

　　他们可能尚未经历复杂的人际关系，没有面临过复杂的处境，所以不理解我们有时候不得不去与我们不喜欢的人共处，不理解即使两个真心喜欢对方的人也会互相伤害，不理解有一天我们需要做集体决策，一切不能全凭喜好，必须学会平衡自己的观点与他人的观点。他们没栽过跟头碰过壁，没遇到过有冲突、有风险、有情绪的棘手情况，天真地以为能开口说话就会沟通，还没意识到有效沟通是一种要求很高的能力。

他们还可能是一个不自知的沟通高手。

任何学习都是循序渐进的过程，所有能力的养成都会经历四个阶段：无意识的无能、有意识的无能、有意识的有能、无意识的有能。最开始，我们意识不到，很多人际麻烦都是缺乏沟通技巧造成的；接着我们觉醒过来发现，哦，原来我之前的沟通方式这么糟糕，其实我可以有更好的行为方式；然后我们开始学习并在生活中运用这些技巧，从生涩到熟悉，慢慢可以取得预期的沟通效果。但我们仍然需要大量前期思考和自我提醒。但最后，你根本不需要特意思考，就能表现得特别好了。你已经感觉不到技巧的存在，因为良好的沟通方式已经自然地成为你行为方式的一部分。这个时候就达到了孔子所说的那种境界："从心所欲不逾矩"。

有些人比较幸运，他们在沟通氛围特别好的家庭里长大，从小耳濡目染，加上家里人言传身教，从他们懂事起就已经掌握了很好的沟通技巧。当他们说，沟通不需要任何技巧的时候，他们是真心的，因为他们是不自知的沟通高手。

如何避免自己陷入有分歧、有风险、有情绪的沟通情境？当不得不面对这样的处境时，又如何巧妙地化解困境？下面我们开始学习具体的沟通技巧。

好好说话
——糟糕的沟通氛围是如何造成的？

最近流行一句话：所谓情商高，就是会说话。那么，真正情商高的人，是如何"好好说话"的？

我知道一般夸一个人"会说话"的意思是：嘴巴甜，能恰到好处地奉承别人。高阶的"会说话"还要求不露声色、不着痕迹，奉承到点子上。

可是，我不太喜欢在奉承人这件事上费尽心机的人，什么背后夸人通过第三人传递效果更好啦，美人从小都被夸漂亮你要夸点不一样的啊，太谄媚。这件事我有一个简单的原则：遇到欣赏的、认可的、喜欢的，不管人前人后，真诚地说出内心的赞赏，既不要忌言人长，也决不言不由衷、言过其实。

把"会说话"理解为"会拍马屁"实在是太浅薄了。

我理解的"会说话"是一种沟通境界，既能让对方认真倾听、

充分尊重你的想法，又肯对你敞开心扉畅所欲言。既不会太过直白
而显得不讲情面，也不会因为太过委婉而达不到目标。

01 什么情况下，我们没办法"好好说话"？

是朋友乔乔让我开始思考这个问题的。

她和大成结婚不到两年，却小吵大吵不断。她很清楚再这样下
去，两个人的感情就要吵没了，所以特别迫切地想改善关系。作为
朋友，我给她支了不少着，全都是很实用的沟通技巧。可是，她很
努力地尝试了，却告诉我一点用都没有。

"我已经很努力示好了，可总是被他误解，他一误解我就生
气，结果没说两句，两个人就浑身火药味，我们越来越没办法好好
说话了，我不知道问题到底出在哪里。"乔乔说。

到底是什么原因让沟通技巧使不上力呢？我一直想不明白。直
到有一天乔乔和大成当着我的面吵了起来，我才发现问题的关键。

问题的症结是沟通气氛。

什么是沟通气氛呢？其实就是沟通时的一种情绪氛围。糟糕
氛围的对话就是我们提过的"三有"对话：有冲突、有情绪、有
风险。

　　在友善、温暖、轻松的沟通气氛中，就算是攻击也会变成朋友间友好的互损，在紧张、冷漠、互相怀有敌意的沟通气氛中，最善意的言辞也会被当成威胁。

　　比较一下，在不同沟通氛围中，同一个对话的发展。

　　第一种。

　　妻子："我给你打了好几个电话，你都没回。"

　　丈夫（歉意，关切地）："老婆，对不起，我去见大客户，手机按了静音，一看到就给你回了。你是不是担心坏了？"

　　妻子："嗯嗯，你一个人出差，我特别担心。也没什么事，打电话就是想提醒你吃药。"

　　第二种。

　　妻子："我给你打了好几个电话，你都没回。"

　　丈夫（防卫地）："我手机静音没看到，我累了一天了，你这样兴师问罪的，有意思吗？"

　　妻子："我怎么就兴师问罪了，好心打电话想提醒你吃药，你是不是心虚？"

　　丈夫："你爱怎么想就怎么想，我什么也不想说了。"

　　同样的一句问话，第一个丈夫理解为关心，第二个丈夫却理解为审问。

　　好好说话的关键在于沟通氛围。沟通氛围紧张、敌对的情况下，很多沟通技巧会失效。因为你再友善，对方都会下意识地不配合。无论你说什么，对方都会给予防卫式的反击。这种不友善的回应又反作用于你，你很难面不改色，然后就不由自主地掉进攻击—防御—反击的恶性循环当中。当我们长期处在紧张、冷漠、防卫、敌对的沟通氛围中，就会渐渐形成惯性的负面沟通模式。

　　互相戒备、猜忌、伤害，慢慢成为一种言语习惯，我们根本没办法"好好说话"。信任被破坏殆尽，对关系的满意度下降，再亲密的人也会慢慢疏远，直到关系走向终结。

　　因此我们在谈话时，不能只顾着谈话内容，还要拨出一部分注意力来关注沟通中的情绪氛围，沟通氛围糟糕，对话就可能进入死胡同。这就像我们骑自行车，不能只顾着脚踏的动作，还要用手稳住车头的方向，车头不稳，就可能翻车撞车。同时还要注意沟通不是独舞，而是共舞，当我们说留意沟通氛围的时候，意思是：你不仅需要留意对方的情绪状态，还要留意自己的情绪状态。

　　沟通双方的情绪状态是互相影响的。你会发现，明明是同一个你，可是和有些人相处，总是很和谐，你彬彬有礼、尊重他人，双方处在建设性的沟通氛围中，甚至可以心平气和地处理分歧和争议。可是和另一些人相处，他们似乎特别容易激发出你恶魔的一面，你易怒、好斗、无礼、没耐心，你们一言不合就争吵不休。你不喜欢这样的沟通状态，也不喜欢处在这种沟通氛围下的你。

普通的沟通者遇强则强，遇弱则弱，受对方情绪的影响很大；沟通低能儿，情绪阴晴不定、言语冲撞无忌，沟通稍遇不顺就浑身敌意，无论和谁相处，都能搞出最糟糕的局面；沟通高手则是暗暗掌控局面的人，他们有"双路处理"功能，既注意谈话内容，又留心沟通中的情绪氛围。他们既留意自己的情绪状态，也留意他人的情绪状态，一旦生变，对话有崩坏、失控的苗头，就及时调节情绪。

什么叫好好说话呢？好好说话就是双方处于健康对话的状态，每个人都可以随心所欲、自由地表达观点。好好说话有两个前提：第一个是每个人都充分尊重、认真倾听他人的想法，能坦诚地听取对方的任何观点而不产生抵触情绪，比如不打断，不急着反驳，不强迫他人接受自己的观点，即使被批评也能心平气和、不生气。第二个是每个人都开诚布公，清晰地说出自己的想法，比如不隐瞒真实想法、不沉默以对拒绝沟通、不冷嘲热讽指桑骂槐、不欺瞒蒙骗或粉饰太平。

换句话说，好好说话的重点是：安全的沟通氛围。我们可以放心地、自由地、随心所欲地表达观点，不用担心被贬低、被排斥、被攻击、被中伤、被报复、被不公平对待。

02 糟糕的沟通氛围是如何造成的?

沟通氛围是关系中的情绪氛围,互动一开始,情绪氛围就在慢慢形成。良好的沟通氛围是好好说话、有效沟通的前提。

沟通氛围就像天气一样,随时可能发生变化。

陌生人也好,身边人熟识的人也好,刚开始都是好好的,是什么让晴空万里的沟通氛围突然变得乌云密布、雷鸣电闪?是什么让一个人瞬间对他人产生防卫心理?是什么让对话脱离正轨,不再有建设性?

为什么和有的人说话那么轻松,和另一些人说话却那么累?是什么让稀松平常的对话演变成有冲突、有情绪、有风险的棘手对话?是什么让原本相爱的人总是一言不合就吵起来?

情商低的人到底犯了什么情商高的人绝对不会犯的错误,踩了什么高情商的人绝对不会踩的雷区,才使得沟通双方没办法好好说话呢?

1)优越感。

优越感是损坏关系的毒药。任何表达出"我比你优秀"含义的信息,不管是明示还是暗示,都会引起信息接收者的防卫态度。

高明是我高中的学霸同学,高考不负众望考上了全国排名前十的名校。一次偶然的机会几个同学碰到一起吃饭。其实刚开始大家都很佩服他，虽然他三句话不离"我们×大"让我们有点不舒服。可是后来我们彻底被他的优越感激怒了。一位同学说起自己也很"学霸"的表妹志愿也是他这所学校，可是差2分没考上的时候，他不留情面且特别傲慢地说："是吗？考不上的人都这么说。"

其实他不需要始终在对话中保持一种优越的态度，他的优秀是显而易见的，不需要刻意强调。他不断传达自己的优越感，一众同学对他的评价反而变低了。

在亲密关系中，也存在不断强调优越感、贬低对方的行为。男方比女方学历高，能力强，经常面带鄙夷说："就你啊，你行吗？"女方比男方家境优越，话里话外都是嫌弃的意味："切，就你们家那情况……""我们家呀……"在家庭中处处彰显优越感，也特别破坏沟通氛围，破坏关系和感情。

对所有物的炫耀，是优越感的另一种表现形式，传达的信息是："我比你有钱""我家境比你好"。

从小到大，身边总有那么一两个同学，不厌其烦地告诉你他的每一件衣服、每一双鞋子、每一个书包是多少钱买的，这个零食是进口的，那个东西是某某帮他从国外带的。成年以后，开始炫耀护肤品和包包，开始炫耀出境游，炫耀车和房，炫耀一切所有物。

可惜他们常常得不到想要的艳羡，人们报之以普遍的反感，轻则冷淡回应，重则明嘲暗讽。没有人喜欢这样的朋友，所以他们总是无法维持长久的友谊。

如果自己乏善可陈，有一类人还喜欢搬外援来强调优越感。

几年前，我曾经认识一个所谓的青年作家，在一个文学杂志当编辑，也获过一些文学奖，但总体来说他暂时还没闯出什么名堂。这也没什么，他是个85后，年纪不大，慢慢来就好了。在这个浮躁的社会，投身严肃文学的人，挺让我钦佩的。

可是我们还是不欢而散了，因为他一直在搬外援。在一个颇有影响力的文学杂志当编辑，当然有机会接触很多在文坛有影响力的作家，他们通通成了他的外援。原先我是理解的，也许他只是在如实地描述自己的职业日常。直到他带有几分得意地问我："你知道舒婷吗？"我当然知道了，我会背她的《致橡树》。他更加得意了："我和舒婷的弟弟是很熟的朋友。"

我一下子就看透了他的虚弱。

谈话中援引外援，不变的潜台词是：能和这么优秀的人成为朋友，我肯定也不会差到哪里去。

有时候，搬外援是为了借贬低别人以抬高自己。有一种毛病叫"忌言人长"，别人做出了不错的成绩，他们不愿意喝彩。他们的口头禅是："这有什么？"

他们的优越感受到了威胁，但他们总能搬出一个朋友、一个亲戚、一个同学来救场，这个朋友、亲戚或者同学一定拥有更厉害的经历，能把在场的人比下去。

当优越感膨胀，就变成了明目张胆的歧视。

2017年5月，美团员工田某在公司内部工作群悬赏1万元招聘产品运营，招聘要求之后，他附上五项Pass项，包括："不要简历丑的，不要研究生、博士生，不要开大众的，不要信中医的，原则不要黄泛区及东北人士。"

因为涉嫌歧视，他的言论先在群里引起同事不满，接着又被曝光到网上，网民群起而攻之。最终田某被美团开除。

在这个社会里，歧视无处不在，性别、地域、农村出身、社会地位、职业收入，甚至身材肥瘦都会成为歧视的理由。但是我们没有任何正当的理由，可以把别人视为低人一等、无关紧要的存在。

无论是有所掩饰的优越感，还是明目张胆的优越感，释放出来的信息本质上都是：贬低别人，抬高自己。通过强调优越感来强化存在感。但这种信息不断在破坏友好和谐的沟通氛围，轻则让人心生反感和不悦，重则招致激烈抵触和反扑。

沟通高手更强调平等的感受，而不是优越感。

情商高的人如何好好说话的呢？他们即使在能力养成和知识积累上胜过他人，在家庭出身、社会地位、职业收入、容貌身材等方面更占优势，也不会在言语中流露出优越感。这不是在伪装，而是他们相信：即使他们在某些方面有过人之处，其他人也同样具有自己的价值。他们的过人之处，不能成为他们碾压、贬低、歧视，甚至羞辱他人的借口。

2）支配感。

小时候，同伴让我们帮他做事，我们喜欢模仿周星驰电影里的口吻说："你让我干吗，我就干吗，我不是很没面子？"

这反映了人的天然心理，我们生来不喜欢被支配，当感觉到他人的支配欲的时候，我们会产生抵触情绪：你凭什么对我呼来喝去？！

支配式沟通指的是不顾对方的需要、兴趣、意愿，自顾自地决定一些事情，单方面地发布指令。

坐公交车，我经常给老人让座，但有一次让座，我至今想起来仍然觉得不情愿。当时我公司离住的地方比较远，所以我下班回家上车是在始发站点，总能找到座位。那天一位老人手脚麻利地挤过人群，向我出示了一下老人卡，然后毫不客气地说："我是老人，你起来，把座位让给我。"那动作、那语气就像警察出示证件要求配合调查一样毋庸置疑。

我惊呆了，虽然还是让了座位，但心里着实不痛快：如果他礼貌地请求，我一定会体谅地把座位让给他，甚至他不开口，我见到老人也会把座位让给他。可是他凭什么命令我把座位让给他呢？我连一句简单的谢谢都没收到，凭什么呢？

电影《窈窕绅士》中，孙红雷饰演的土豪雇用林熙蕾饰演的公关经理，把他从举止粗鲁的暴发户改造成彬彬有礼的绅士。林熙蕾传授的绅士三板斧就是七个字："你好""谢谢""对不起"。打扰和麻烦别人要说对不起，要求别人帮忙要说请，获得恩惠要表示感谢。

沟通者之间没有权力附属关系的时候，支配式沟通其实是缺乏基本的社交礼仪。

支配式沟通、命令式的口吻不仅在陌生人之间让人不舒服，在熟人之间也容易让人产生抵触。即使是熟悉的人，我们也不喜欢对方颐指气使、指手画脚。

但它最容易发生在具有权力附属关系的父母和孩子、上级和下级之间。这几乎是亲子矛盾、上下级冲突的主要来源。

情商高的人如何好好说话？相比命令、支配的口吻，他们更喜欢用建议和商量的语气说话，也更懂得询问意见、尊重意愿。委婉的措辞只是表面，更重要的是内心的尊重。

如在职场中，领导进行命令式的指错和纠正，以强势的方式提出建议、发出指令，也许可以获得更高效的执行力，但也会形成高压、痛苦、压抑的工作氛围，甚至引起下属的不满、抱怨、对抗、不合作。有时候,换以鼓励的态度提意见是否更能调动下属的工作积极性呢?

比如对下属说:"你之前做得不错,但是我觉得这样做可能会更好,你回去试着……"或者在安排任务的时候,征询一下对方的意见:"我想安排你负责这个项目,你自己有什么想法或者有什么困难吗?"

但需要注意的是没有放诸四海而皆准的沟通技巧。

沟通研究专家把语言分为高权力语言形态和低权力语言形态。

高权力语言形态,自信、坚定、果断、权威。与之相对的是低权力语言形态,比如闪烁其词、犹疑试探、礼貌性问句、否定式表述:

"我觉得我们应该……"

"也许……你应该试着准时……"

"我可以打断你一下吗?"

"我也许不应该这么说,但……"

这两种表述各有利弊。

权力性的语言显得自信、权威、有气场,不容置疑和拒绝,短时间内可以帮助你获得你想要的。但长期下去可能会让你的人际关系产生危机。因为太过强硬的陈述有不尊重的意味,好像你要对抗别人进而获得他们的臣服,容易引起对方的防卫心理。

低权力的语言礼貌、委婉、替别人保留颜面，但不够自信、缺乏权威、气场不足，沟通常常需要达到某些要求，低权力的语言有时候会因为太过委婉、软弱而达不到要求。

那么我们应该使用哪一种形态的语言呢？大多时候礼貌而不权威的方式，会比强硬的表述来得更好。但我们曾经说过沟通高手的特点之一就是拥有灵活多样的行为反应和在不同情境中挑选合适行为的能力。使用哪一种措辞，要看场合、看对象、看你的目的。

例如，作为一个领导者，在发生突发危机，需要进行紧急处置的情况下，权威的发号施令，可以让你的重要指令得到快速的落实。但你如果只是想让助理给你泡杯咖啡，你可以说："你可以给我泡杯咖啡吗？"虽然你和助理都知道这是一个命令而非请求，但用疑问句却显得体谅。我们不一定要通过支配性的措辞来树立自己的权威，尊重他人，替人保留颜面，或许更能获得拥戴。

理想的沟通状态应该是一种平衡的状态，既不会因为太委婉而达不到要求，也不会因为太强硬而引起抵触。既充分地尊重对方的意愿，言语中没有让人不适的支配感，也不会因为太过软弱而得不到对方的尊重和重视。

3）冷落感。

人际交往中，被冷落是一种很让人受伤和受挫的感受。冷落感也特别容易破坏沟通氛围。

沟通中的哪些行为会给人遭遇冷落、不被重视的感觉呢？

首先是忽视。

忽视就是对他人想要传递的信息视而不见、充耳不闻。

"我穿这件新衣服，好不好看？"妻子兴致勃勃地问丈夫。谁知丈夫连看都没看一眼就说好看，妻子火了。

上小学的孩子自豪地拿着自己制作的手工艺品，给忙于工作而晚归的父母看，期待得到鼓励和表扬。父母却说："爸爸妈妈累了，你自己上床睡觉好不好？"孩子失望地走了。失望的次数多了，孩子就悄悄关上了心。放学就回自己房间，饭桌上也不谈论自己，对父母的教导充耳不闻。等到父母想知道孩子在想什么的时候，孩子却不愿意说了。

女生异地恋，她会不定时地分享一些好玩的图片、文章、新闻、旅行攻略之类的内容给男友，她希望男友得空的时候看看，并给点反馈。可是男友对此几乎不回应。日常联系总是跳过这些，另起话题，仿佛没收到那些内容一般，这让她很受伤。

朋友间、亲人间、爱侣间，不接电话、不回短信常常引发激烈的争吵。没有什么比传递的信息得不到任何反馈更让人难受的了，被人忽视有时候比受到攻击更让人难以忍受。

忽视有时候会以各说各话的形式表现出来。

　　每个人都在表达，但都是自说自话，都在谈论和对方的谈话内容无关的话题。我在说毕业论文的时候，你在说过生日的事；我在说健身的事，你却絮叨地说起修车被坑的事，表面在对话，实际上谁也没把注意力放在对方身上，谁也不关心对方的事。你想要倾听、想要附和、想要安慰、想要建议，我也想要倾听、想要附和、想要安慰、想要建议，结果谁也没得到回应。

　　这种忽视，时间长了会造就一种冷漠的沟通氛围。冷漠的气氛一旦形成，人会慢慢减少对关系的投入，减少对对方的依赖，慢慢地抽离这段关系。

　　其次是敷衍。

　　敷衍是对他人传达的信息，给予冷淡的、不走心的回应。如果发生在亲密关系当中，会破坏彼此的信任感。

　　一个失恋的女生和好闺密通电话诉说心里的痛苦，"嗯嗯""你说""后来呢"，对方似乎一直在认真听，可是耳尖的她却听见闺密在接电话的同时，还在玩游戏，刚才不过佯装认真听。像这样的事情是特别伤感情的，如果没有好好道歉，也许这位闺密会失去这个朋友。

　　敷衍的常用句子是模棱两可、含糊其词的：可能吧，或许吧，应该吧，都可以吧。表面上在对话，其实从未对说话者做真正的回应。

前面所说的还只是"近亲生慢侮"，即和你在一起很久的伙伴、亲人，你会漠视他的存在，也就是经济学中的"边际效益递减法则"。可是当这种冷落感以对比的形式出现的时候，我们就很难接受了。

比如厚此薄彼。

去购物，你询问售货员相关信息却被晾在一边，而另一个后来的、看起来衣冠楚楚、更有购买力的顾客却受到殷勤的招待。我们受到冷落是因为我们不被尊重，我们不被尊重是因为对方势利眼，沟通氛围里就这样开始有敌意。

在多子女家庭，你向父母撒娇、提要求、求关注，父母全不放在心上，却一门心思疼爱你的弟弟。你被冷落是因为父母偏心，父母偏心是因为更爱弟弟、不爱你，沟通氛围里有了不平、嫉妒、不满。

在厚此薄彼的情况下，冷落感对沟通氛围极具杀伤力。

情商高的人如何好好说话？他们最基本的动作就是表达对一个人的重视。如果你体验过不被重视的感觉，你一定知道那种感觉糟糕透了，仿佛整个人的存在感都被否定了。重视感很重要，却很容易被人忽略，因为重视感常常呈现在细节中。

如何表达重视呢？认真倾听、真诚回应、不轻易打断，当面对多个人的时候，公平对待，决不厚此薄彼。

亲近的关系更有利于对话的展开和沟通目的的达成。重视、关心、在乎，对增进和维系关系来说，永远是最重要的。但欠缺重视的冷落行为会被理解为刻意保持距离，一方一旦察觉另一方的冷落，关系会变得冷漠和疏离。

4）被操纵感。

我们不喜欢耍心机的人，一旦我们发现对方把真正的目的隐藏起来，企图通过耍手段蒙蔽我们的双眼，或者设置圈套和陷阱以达到操纵我们的目的，会激起我们强烈的心理防卫。

比如：

同事：你这周六有安排吗？（不说真正的目的）

你：没什么安排。（没防备，也许会得到一个友好的邀请，比如凑一起吃顿小龙虾）

同事：那你可以来帮我搬家吗？

你：嗯……好吧。

（不想去，对方住的地方没电梯，又没请搬家公司，需要搬大量重物，和对方的关系也没好到为其两肋插刀的地步，但无法拒绝。察觉对方已经用有没有空的提问堵住了自己的退路，有一点被算计的感觉，心里觉得恼怒。）

　　同事明知请别人帮忙搬家有点强人所难，却有事不直说，而通过套路来达成目的，这样的做法显得狡猾不真诚。情商高的人反而会开门见山地提出要求，给别人留出考虑的余地。

　　我们不喜欢别人接近我们有其他隐藏的动机。

　　曾经碰到过这样的情况，一个原本没什么深交的朋友突然对我特别热情，正当我把她当成好朋友的时候，她麻烦我介绍她认识一个她一直想认识的人，等到我帮她牵上线，她就把我甩在一边了。我这才发现原来她起初的殷勤并不是因为真的喜欢我，想和我做朋友，我不过是被当成了她实现目的而利用的"工具"。

　　最让我们不开心的是，多年没见的老同学无比热情地和我们叙旧，几次热络愉快的聊天之后，发现原来她并不是真的来叙旧，她是想向我们推销她在微信卖的"超好用"的三无面膜，还想拉我们入伙做她的下级代理。

　　我们发现他们隐藏的真实目的瞬间，就像秦始皇摊开荆轲送来的地图，看见了匕首。

　　被操纵感与其说是技巧问题，不如说是人品问题。沟通中，一方一旦察觉另一方的虚伪、不真诚、动机不纯，试图通过耍心机、玩手段、编织谎言达到自利的目的，关系中的信任会通通瓦解，沟通氛围会变得互相戒备和怀有敌意。《菜根谭》教人"觉人之诈，不形于言"，大部分人觉人之诈，肯定气炸，就算涵养很好，不形于言，心里也会悄悄地对这个人竖起一堵墙。

真正的沟通高手不是擅长蒙蔽、欺骗他人的高级骗子，而是真诚无欺、行事磊落的人。因为你可以骗别人一时，骗不了别人一世，良好的沟通永远是基于互信的。

5）敌对感。

在沟通双方发生分歧的时候，好的沟通方式求同存异，仍然友好互动，不良的沟通方式则会制造敌对感。说白了，就是不同意对方，然后通过各种不友好的方式说：你错了。根据剧烈程度，分为：抱怨、争辩、威胁、攻击。

当一个人不准备争论但还是想要表达不满的时候，他会抱怨。

抱怨几乎是所有不愉快关系的共同特征。它的目的原本是希望对方做出改变，但抱怨常常让被抱怨者感到被指控和诋毁，引起对方的防卫心理，反而让他更加固守那些让你讨厌的行为。过多的抱怨会腐蚀双方的关系。

情商高的人如何好好说话呢？他们也会表达不满，但他们不会采取抱怨的方式让对方改变。重要的区别是他们针对行为，而不针对个人，他们如实地描述行为，而不是攻击个人。他们的语气、语调流露出的是实事求是、对事不对人的态度，而不是充满情绪性的埋怨和指责意味。

如实描述行为：你是不是好几天没扔垃圾了？垃圾桶飘出气味啦。

抱怨：这么多天都不扔垃圾，你怎么可以这么懒，这么不讲卫生？

当一个人希望通过说理的方式来申明、捍卫自己的立场，反对他人的立场，并说服对方接受自己的观点的时候，他会争辩。

争辩本身是没问题的，有问题的是有的人争辩时固执己见、自以为是，认为自己是完全正确的，认为自己已经知道所有的事实而不需要其他额外的信息补充，认为自己给出的方法是唯一的、最恰当的解决问题的办法而不接受其他提案。有问题的是他争辩不是为了建设性地讨论问题，而是为了战胜他人，是为了证明自己是对的，他人是错的，是为了把自己的观点强加给别人。

固执己见、自以为是、以自我为中心的对话，最让人难以忍受的行为是打断。

在别人没有说完话的情况下，打断别人是特别不礼貌的行为。打断发言的人传达出来的信息是：他完全没有兴趣和耐心听完对方的发言，他不关心、不重视对方的谈话内容。偶然打断还好，不停地打断不仅会让说话的人恼怒、失去谈话的兴致，甚至引发激烈的冲突。打断和抗议被打断，往往形成沟通双方争夺发言权的局面，这种竞争局面会造成紧张、敌对的沟通氛围。不停地打断让沟通变得很费劲，多次被打断、抗议无果之后，当事人常常愤怒拍桌："你那么喜欢打断，那我不说了，让你说个够行吧！"

沟通高手如何争辩？他们可能也持有一个强烈的意见，但他们不会全然认为自己没错。别人的观点他们会认真听取，即使不同意也会认真听完、不轻易打断。倘若其他人提出的事实、观点、方案更合理的话，他们会改变和调整自己的立场。他们对与自己不同的观点，内心是尊重的，心态是开放的。对他们来说，陈述自己的观点只是对话的起点，他们既积极陈述自己的观点，也鼓励对方畅所欲言。

除了在争辩时压过对方，人们还会通过威胁迫使他人接受自己的观点，大概的意思就是：如果你不接受我的观点，我就要惩罚你。

父母以体罚、减少零用钱等方式威胁孩子，成年人以终止关系来威胁对方，比如分手、离婚、绝交、炒鱿鱼。但是经常使用恫吓威胁的方式胁迫对方接受自己的观点，是非常糟糕的沟通方式，父母经常威胁孩子，亲子关系一定很紧张；经常闹分手、闹离婚的伴侣，关系一定不愉快；经常威胁要炒人的公司，离职率通常很高。

不同意对方最具破坏性的表达方式就是攻击。辱骂、挖苦、讽刺、奚落，通过语言攻击贬低别人的价值、诋毁他人的人格、给对方制造心理痛苦来取胜。

攻击带来的伤痕，事后很难补救和修复，激烈的攻击对沟通氛围的破坏常常是不可逆的。

03 沟通氛围被破坏之后，如何重建安全感?

我们已经了解了会破坏沟通氛围、安全感的几种常见表现。我们可以进一步概括影响沟通氛围的两个要素：一是沟通的动机，二是沟通中的尊重感。我们谈到的被操纵感、敌对感主要是与沟通动机挂钩的，而优越感、支配感、冷落感常常是与尊重有关的。

当一方不信任另一方的交谈动机，或一方感觉不被另一方尊重的时候，谈话就出现了危机，沟通氛围就开始变得不友好和不安全。

好好说话、有效沟通的关键是安全的沟通氛围。糟糕的沟通氛围本质上是沟通者缺乏安全感。

我们已经知道好好说话、健康对话是什么状态，那么与此相对的，什么叫不好好说话呢？

不好好说话就是双方退出了对话机制。至少有一方不配合对话的进行，他们有两种状态，一种是逃避，拒绝观点交流；一种是对抗，强迫对方接受自己的观点。无论是逃避还是对抗，都是由不安全感催生的。就像我们的祖先和一头野兽狭路相逢，要么夺路而逃，要么拼死战斗。沟通者在对话时的不配合，本质上是一种自我防御、自我保护。

情商低的人，当对方在谈话中提高嗓门，他也提高嗓门；当对方打断，他也打断；对方情绪激动地反驳，他也情绪激动地反驳；对方冷嘲热讽，他也冷嘲热讽；对方攻击谩骂，他也攻击谩骂；对方冷战不说话，他也赌气不说话。无论对方做什么，他都头脑简单地决定以眼还眼，以牙还牙。

但情商高的人却明白，无论是对话中的逃避还是对抗都是不安全感催生的，本质上是一种自我防御和自我保护。所以他会把对方的反应视为缺乏安全感的信号，他明白自己要做的不是和对方对着干，而是提高对方的安全感，重建良好的沟通氛围，让对方卸下防御。

当沟通高手捕捉到对方的反应，发现对话出现危机时，他们会先暂停对话，来营造安全感。我们应该如何重建安全的沟通氛围呢？

1）道歉。

如果确实给他人造成了不便和伤害，请针对自己的错误、过失，真诚地道歉。如果无意冒犯了他人的自尊，请为自己的无心之失道歉。

我自问一直是一个尊重领导、服从组织的员工，但我曾经和一个领导起过激烈的冲突，主要是因为她数次没有搞清事情始末、不分青红皂白地冤枉了我，而且劈头盖脸一通严厉的指责，专制蛮横、不听解释、言语过分、不尊重人。这是中伤，实在忍无可忍，我当时一反常态，逐一反击。心里想，人活着总要有点草莽精神，大不了不干了，或许她就是欺我平时太乖巧，才如此强势、不讲道理。

也许是没想到我竟然会有那么激烈的反应，她后来拿出亲和的样子找我谈过话，但我始终有所保留。为什么呢？因为她伤害了我，此处应有一个道歉。谈话的时候，她说了很多亲热、拉拢、关心生活的话，可是一切在我看来都是虚伪的场面话。我也许碍于她的领导身份，仍然会服从她的工作安排，也不会出言顶撞她，但我也不再信任她，不会买她的账了。

直到另一个领导看不下去，调出记录来帮我澄清，她认识到自己的错误，也许是迫于同级同事的压力，她向我道了歉，我们的关系至此才稍稍缓和。

当确实造成伤害的时候，一定要真诚地道歉，才有和解的可能。强词夺理、否认错误、推卸责任或者跳过这个环节示好，是无法重新获得信任，无法重建安全的沟通氛围的。

2）澄清。

如果你没有任何恶意、没有任何不尊重对方的意思，对方却误解了你，这个时候你要做的不是争论，而是澄清。

《关键对话》一书中提供了一个澄清的方法，即对比法，对比澄清法句子的结构是：

否定部分：打消对方认为你不尊重他们或抱有不轨企图的误解。

肯定部分：确认你对他们的尊重、明确你的目的。

"我不是……而是……""我不希望……我只希望……"

比如，给朋友的第一次写的小说提意见：

否定部分：我提意见不是因为我不喜欢你的小说，也不是否定你的作品。

肯定部分：实际上我特别特别为你骄傲，特别欣赏你的才华，提出一些不成熟个人的意见供你参考，只希望对你有帮助。

对比澄清法，既可以在事先说，预防僵局，也可以在沟通出现危机时，用于挽救对话危机。

3）幽默感。

沟通氛围其实就是交流双方的情绪氛围，幽默感是调节情绪的很好的方法。说个有趣的段子也好，豁出去自黑自嘲也罢，能博对方一笑，常常可以让沟通氛围变得友好、轻松。

4）非语言的技巧。

有时候好的沟通氛围不一定要用语言来重建，非语言的技巧也有显著的效果。有时候仅仅一个真诚的笑容就可以冰释前嫌。

我发现分享食物是一种很好的、表达友好的方式。另外，如果是亲近的人之间，比起解释澄清，触碰、拥抱、爱抚的效果更好，因为很多时候吵架争论，不过是为了确认对方的爱。

为什么我们总是忍不住打断别人？
——大多数人存在着倾听的"七宗罪"

01 倾听的力量被严重低估了

在英国皇家历史上，爱德华八世是少数几个我有印象的国王。因为他做的一个决定，曾经惊掉了全世界的下巴：他爱上了离过两次婚的辛普森夫人，然后为了她放弃了王位。古今中外宣称不爱江山爱美人的君主有很多，可是爱美人爱到放弃王位的有几人？

辛普森夫人不具备惊人的美貌、高贵的出身，也没有什么不世出的才华，到底有什么了不得的魅力，竟然能让国王为她冒天下之大不韪呢？不只我想不明白，当时英国的民众和大臣也不明白，有些人说她是一个女巫，给国王施了魔法。

吴伯凡在《冬吴相对论》中揭秘了辛普森夫人征服国王的魔法：

　　"其实这个魔法非常简单。概括起来呢，就是全身心的倾听。辛普森夫人每次在听爱德华说话的时候，她都是好像在听一个无比动人的故事，她脸上的表情随着他说的每一个字、每一句话而动容变化，而且毫无那种矫情和做作。

　　"她的表情里头既是一种深切的回忆，也是一种热切的期待，还有一种是不露痕迹的提示和辅助，爱德华蛰伏在内心的种种感受、记忆被大把地激活，被一次次地引爆，每一次与她谈话都能体验到一种罕见的自由和畅快，甚至是陶醉。他平时周围美女如云，但是他看到的都是一张张谄媚的、死板的美丽面孔，所以他不感兴趣，他一下就被辛普森夫人吸引了。"

　　说到这个故事的时候，《高效能人士的七个习惯》的作者史蒂芬·柯维，有一句话评论：影响别人最好的办法就是受别人影响。

　　也许这是个未经考证的解读，但我第一次听到这个故事的时候，内心受到了巨大的冲击。我从来没想过倾听竟然有这样不可思议的力量，从来没想过良好的倾听竟然可以带来这样愉悦的体验，更没想过我们倾听可以带来这样的影响力。

　　在这之前，听到"认真倾听"之类的忠告，我是反感和拒绝的。我的脑子里有两个根深蒂固的想法：

　　倾听谁不会呢？它就像呼吸一样是我们与生俱来的能力。我们不需要学习倾听的技巧，就像我们根本不需要别人教我们呼吸的技巧。

说话比倾听更重要，说话是用语言主动影响和改变别人的想法和行为，是在施加影响力，而倾听则是老老实实地当听众，被别人影响。

所以相比听，我更喜欢说；相比沉默，我对发言更感兴趣。所以我总是忍不住打断别人，总是忍不住去争夺话语权。古希腊哲学家德谟克里特说："只愿说而不愿听，是贪婪的一种形式。"我太贪婪了，我的"我执"太深了。

倾听也许是最难学会的沟通技巧，不是它不好学，而是人们不以为然。

后来又听了一个故事，让我对倾听有了更深刻的认识。

《窗边的小豆豆》是一本畅销千万册的童书，讲的是真实发生在作者黑柳彻子小时候的故事。淘气到被退学的小豆豆，在原来的学校被认为无可救药的小豆豆，到了巴学园，在小林校长的帮助下，逐渐成长为一个大家都能接受的孩子。

这样一个顽劣的熊孩子第一次见到校长，却死心塌地地把校长当成自己的朋友，也因为喜欢校长而超级期待上学。校长做了什么吗？他什么也没做，他只是耐心地听小豆豆说了整整四个小时的话，直到小豆豆没有要说的话了，小豆豆长这么大还从来没有人用这么长的时间来听自己讲话。

我们低估了倾听的力量，有时候听比说更有影响力。倾听不是那种斧钺碰撞的力量，它更接近于《道德经》里说的水的力量，"水善利万物而不争""夫唯不争，故天下莫能与之争"。

当我们倾听的时候，我们到底在倾听什么呢？

当然了，如果要求我们每个情境都认真听，我们会疯掉的。冗长无聊的会议、老生常谈的演讲、喋喋不休的碎碎念，有时候深恨自己，为什么可以闭上眼睛却不能关上耳朵。所以，会自动过滤掉一些信息，然后把注意力集中在重要的人和重要的事情上，这是正常的。

我们这里讨论的倾听就指那些重要的倾听，即会对生活产生影响的那类谈话情境中的倾听。

02 糟糕倾听的"七宗罪"

倾听至少有着和说话同等重要的力量。为什么人们那么介意自己在说话时显得笨拙、木讷、落入下风，却完全不在意自己在倾听方面的拙劣表现？多少关系的崩坏是因为听得不够，而不是因为说得不够？

沟通高手不一定是表达的高手，但一定是倾听的高手。

　　那么，有哪些倾听习惯是特别糟糕的？有哪些倾听习惯容易冒犯他人？我们来细数倾听的"七宗罪"。

　　七宗罪之一：打断。

　　倾听最大的忌讳是消极打断。

　　我们知道，不是所有的打断都是让人反感的，打断如果是为了表示赞同或者要求解释，对话依然可以愉快地进行下去，因为这意味着倾听者对谈话内容认同或者感兴趣。

　　糟糕的打断，目的是为了反驳或转移话题。这一类倾听者被称为"自恋型倾听者"，他们在沟通中会不遗余力地把焦点从说话者那里转移到自己的身上。最明显的是中断、阻碍对方发言，更隐晦的是自以为巧妙地转移话题。

　　但沟通是互动的游戏，耐心才能换来耐心，尊重才能换来尊重，礼貌才能换来礼貌。沟通中力的作用也是相互的，就好比我们对着墙壁练习乒乓球，缓缓地发球就会缓缓地反弹，粗暴地发球就粗暴地反弹。

　　沟通高手在任何时候、对待任何人都不会轻易打断。大家知道的，真正的涵养，不是在不得不尊重、不得不礼貌的时候表达出尊重和礼貌，而是在别人都自认为可以不尊重、可以不礼貌、即使不尊重不礼貌也不会有什么后果的时候依旧尊重、守礼。

上司决定你的命运和前途，不打断他的话是人之常情，而是否给予童稚的孩子、年迈的老人、居家无收入的妻子、还在成长期的实习生、混得明显不如你的朋友，或者消费中为你提供帮助的服务人员以耐心和尊重才是真正考验涵养的时候。

不过倾听远不止不打断这么简单。

七宗罪之二：过早下判断。

《如何阅读一本书》里有个建议让我受益匪浅，不仅在阅读中受用，在为人处世、做人原则上也受用。

评论要遵守思维的礼节，在你说出"我同意""我不同意"之前，一定要能够肯定地说："我了解了。"同意对方说法与不同意对方说法一样要花心力来判断。毫无理解便同意只是愚蠢，还不清楚就不同意是无礼。面对争议的问题，在评论和争论之前，永远要先想到自己可能误解了或者在某个问题上有盲点。

妻子：我太高兴了，婆婆决定端午节不来我们家过了。

丈夫在确认妻子的想法之前就草草下结论：妻子的表现是出于对自己妈妈的反感、讨厌、不孝顺。并带有明显质问、指责的语气回应。

丈夫：我妈怎么了，她是我妈，对你也不薄，你就那么不喜欢她、那么不欢迎她吗？

比这样的质问更糟糕的是腹诽，腹诽贻害无穷。质问虽然会破坏信任感，破坏关系，但如果存在误会还有解释、澄清、重归于好的余地。腹诽是心怀不满却不说出来，即使有误会也会一直误会下去，心生隔阂和嫌隙，另一方却全然不知。

丈夫听到妻子这样一句话却什么也不说什么也不问，而是自己生闷气，结果会怎么样呢？

"她凭什么对我妈妈这样？我妈妈对她不薄，她怎么能这么忘恩负义呢？我妈妈来，她就那么不高兴吗？太不公平了，我对她妈妈那么好，把她妈妈当成亲妈一样孝顺，她却对我妈妈这么冷漠？"

生活里，这样的误解不断叠加，这对夫妻的关系又会怎么样呢？

但如果他不把推测和假设当成事实，他会通过提问进一步了解妻子的想法。

丈夫：亲爱的，你是不欢迎妈妈来我们家吗？

妻子：怎么会呢？儿子早就想奶奶了。可是最近公司有个紧急的项目要上线，端午节已经通知要全部门加班了，我没空在家。你妈妈好不容易来一趟，总不能反过来让她伺候你们爷俩吧。

不要把揣测当成事实，在确认完全了解情况之前，请暂缓评论、反驳、指责、质问、攻击。

七宗罪之三：心不在焉。

我们有时候在听，却不一定在倾听，对方说话的时候注意力不集中、对方需要回应的时候不置可否，倾听中最伤人的是心不在焉。

所以，人们常常伪装自己在认真听。

研究显示，人类有能力一分钟倾听600个字，而通常人们在一分钟内只能说100～150字，我们有多余的时间来走神，这让伪装不露馅成为可能。伪装者表面上显得很专注，他会在正确的时刻微笑、时不时地点头、适当地给予言语回应，让你以为他全心全意地在倾听。

人类听的速度高于说的速度，也让很多人高估自己的倾听能力。他们以为自己可以在谈论不重要的话题时走神，谈论重要话题时随时接上。但我们的大脑注意力一次只能聚焦在一件事情上，就像我们使用电脑的时候可以同时新建文档写作、登录QQ聊天、打开网页查资料，表面上可以开启多任务的模式，但我们其实每次只能做一件事。注意力是极其有限的，思考入了神，倾听就停止了。高估自己的倾听能力，容易在真正需要专心的时候走神。

我们上学的时候，听课认不认真、专不专心会用考试来检查。日常倾听其实也有考试，你记忆和理解了多少内容，说话的人是可以判断出来的。

　　和熊猫先生谈恋爱最让我开心的一点是，无论我说什么，他都会记住。我偶然说起想吃的东西，时隔几天到周末，他还记得给我买；很久以前提过的小事，很久之后他还记得我说的细节；而让我反感的话题，他会下一次小心地绕行。记住别人说过的话，是倾听最高的境界。

　　心不在焉的倾听，在说"我不记得了""你说过吗？"的时候，一定会露馅。

　　七宗罪之四：埋伏。

　　心不在焉让人反感，特别较真也让人招架不住。

　　埋伏性倾听最常见于庭审辩论。我当记者的时候，跑过一段时间法院新闻。检察官和辩护律师小心仔细地听对方发言，有一个重要目的，就是"以子之矛，攻子之盾"。辩论中，有效袭击的一个技巧是：用对方发表的言论和提供的事实，来攻击对方的观点和立场。

　　但这样的技巧用在日常沟通中极其让人反感，容易引起防卫心理。

　　你一定遇到过这样的人，他们认真听你说话了，但他们听你说话的目的并不是听取你的想法，而是拿你的话堵你。他们打起十二分的精神在挑错，在寻找你所说的任何事情的纰漏和不可行。

虽然这样显得聪明、机智、胜人一筹，可是和这样的人说话真的很累，你就像打地鼠游戏里面的地鼠，冒头就要挨打，你开口发表的任何言论，随时都可能被纠正、可能被反将一军。和他们说话，有点战战兢兢、如履薄冰的感觉，时间长了，会觉得还是敬而远之，有所保留比较安全。

好的沟通者不会这样倾听，好的沟通者努力构建的一定是"大家都可以畅所欲言，大家都愿意畅所欲言"的沟通氛围。

七宗罪之五：过度防卫。

如果说埋伏性倾听让人觉得累，防卫性倾听简直让人筋疲力尽。

习惯防卫性倾听的人像是得了"被害妄想症"，总是认为别人说的话是在针对他们，好像所有的话听起来都是对他们不利。他们像小刺猬一样没安全感，生怕受伤害，一有风吹草动就竖起浑身的刺，他们又像公鸡一样好斗，随时准备发起攻击保护自己。

比如你只是想确认第二天要用的报告有没有写好，但防卫过度的同事却觉得你在质疑她的能力：你几个意思？你是觉得我搞不定吗？

这种不安全感常常是出于自卑。有一次去一家常去的店里看衣服，碰到一个女人也在买衣服，身上试的一件不太满意，她想看另外一件，导购随口说了一句："那件会贵一点。"她就炸毛了："你什么意思？你觉得我买不起是不是？你看不起我是不是？我不看也不买了！"然后就骂骂咧咧地走了。导购的小姐姐很委屈："我真没这意思，其实我话还没说，我还想等衣服取下来再告诉她，虽然贵一点，但是料子和做工更好一点。"

弯弯参加社团活动的时候，和朋友谈论起出国旅游的趣事。同一个社团的同学在旁边听见了，不阴不阳地说了一句："有什么了不起，有什么好炫耀的。"弯弯不愿意计较，弯弯的同学却是一个嘴上不饶人的主儿："越缺什么，就越觉得别人在炫耀什么。"

在缺乏中成长并因缺乏而极度自卑的人，别人每句话都可能是在故意炫耀；在出轨后回归家庭的丈夫听来，妻子的每句话听起来都像不信任的盘问；在经常寻衅滋事、把尊严看得比命重要的小混混看来，别人的每句话听起来都像是挑衅、找碴。

防卫性的倾听者相处起来，让人觉得疲惫。动不动生气或怀有戒心，不但浪费彼此的时间和精力，也会搞砸关系。

七宗罪之六：习惯性唱反调。

我搞不清这类人他们到底是怎么想的，无论你说什么他们都习惯性地唱反调。

你得意的时候,他踩你一脚;你满意的时候,他刺你一句;你消沉的时候,他也不忘讽刺挖苦嘲笑,他连开玩笑都在伤人。

你终于下定决心要早睡早起的时候,他拆台:切,就凭你啊,我打赌你坚持不了三天。你感叹裸贷去买昂贵化妆品的女大学生虚荣,他非要评论一句:未必像你想的那样。你说以后有孩子了不会给他报那么多兴趣班,他不以为然:等你有孩子就不会这么想了。你穿了一件甚是喜欢的衣服,他自以为一针见血:你太瘦了,撑不起来。你丢了手机干着急,他语带嘲讽:你那手机都用了那么久了,也该换了。

也许他们是习惯性地拆台,习惯性地否定,习惯性地唱反调,他们的话本身没有太大的恶意,只是有时候显得有点不合时宜。也许他们的看法很中肯,从不附和的样子也很有个性,可是这样的冷言冷语听久了,总有一点话不投机的感觉。

在他们的字典里是没有共鸣、支持、赞同这些字眼的,让他们和别人站在一个立场好像比杀了他们还让他们难受。他们不明白提供鼓励、安慰这样的情感支持,并不会害他们丢掉原则,赞同认可别人的想法,不代表他们自己没想法。

七宗罪之七:无原则的附和。

习惯性唱反调是一个极端,无原则的附和也是另一个极端。这样的人，不管别人说什么，他都说好。

我就曾经有一个这样的朋友，不管你和她说什么，她都能给你想要的回应。刚开始，听到她的夸奖还挺开心的。可是有一回，我正开心的时候，另一个朋友打趣：哈哈，你听她说过不好吗？听起来，她更像一个从不得罪人的老好人。

渐渐地，我发现和她说话挺无聊的，她不是谄媚，但时间久了你会分不清，她的话到底是出于善良、纯粹为了让你高兴而说，还是心里真的这么认为。你会怀疑，她到底有没有给过真正的回应？你会困惑，这个人难道就没有喜怒和爱憎吗？

她从不跟你唱反调，慢慢地，你就不再重视她的意见了，因为被她赞美没有快感，被她同意觉得无聊，被她鼓励也依旧没有信心。

大家都以为会附和是会说话，但最会说话的蔡康永却建议：适度的挑衅，会让对话热络起来。

03 情商高的人是如何倾听的？

倾听的时候，我们到底要倾听什么呢？其实归根到底，倾听的任务就是两个：弄清楚对方的意思、给予恰当的反馈。好的倾听者就像一个迷人的山谷，既给予充分的倾听，又能传来美妙的回声。

在倾听上，毫无理解便同意只是愚蠢，还不清楚就不同意是无礼。镇定而守礼的倾听，遵守这样的礼仪：在评论和争论之前，永远要先想到自己可能误解了或者在某个问题上有盲点。在说"我同意"或"我不同意"之前，一定要肯定地说"我了解了"。

那么如何肯定自己已经了解了呢？情商高的人有三板斧：提问、复述、确认。

没有比提问更流行的语言了。蔡康永说，他可以凭着"为什么""怎么会""真的哦""我都不知道耶""那怎么办""后来呢"这几个简单的问话，把天一直聊下去。问话里有浓厚的兴趣，有热切的期待，有时候真的没有比一个眼巴巴等着你说下去的眼神更让人开心的了。

提问的好处，有记者从业经历的我深有体会。

提问对提问者来说，不仅可以借此打开话题，恰当的提问还可以帮助我们对已经发生的事实和细节、对方当前的感受和想法，以及未来的期望和需求有深入的了解。

提问对回答者来说，就像路线图，帮助他们回忆事实和细节、探索自己的想法和感受、了解自己的需求和期许。有的人并不是一开始就了解发生在自己身上的一切，提问会让回答者去思考、去联想、去归纳和总结。

　　我们虽然使用同一套语言，但我们对同一句话可能有完全不同的理解。得到回答之后，对于重要的内容，最好用自己的措辞重述对方的话并确认，特别是约定时间、地点和任务传达的时候。

　　"你说的周二，是本周二不是下周二对吧？"

　　"你指的是去年刚投入使用的那个新体育场，不是旧体育场吧？"

　　"你让我准备方案，要的是一个文字材料，还是一个随时可以演示和汇报的PPT？"

　　重述和确认虽然麻烦，却可以为对方提供一个修正的机会。要知道合作方说尽快给你修改后的方案，你理解的"尽快"是当天，但对方的意思可能是一周内。

　　在一切有争议性或可能存在争议的问题上，在反对和指责之前，请先通过提问了解足够的细节，通过重述给出自己的理解，通过向对方确认保障不存在误解。听起来有点麻烦，但在重要的事情以及对待重要的人上，多这么一个环节，会少很多误解。

　　弄清楚对方的意思之后，我们要给予反馈。有时候我们着重给予认可和支持，有时候着重分析、建议、评价以及提供方向。沟通高手会根据不同的对象、不同的场合、不同的沟通目的，灵活选择。

这些不是最难的，最难的是存在分歧的时候，怎么做才不会太过委婉而立场不明，或者太过直白尖锐而让人难以接受？

倾听三板斧是"提问—复述—确认"，对于有争议的问题，反馈也有三部曲："赞同—补充—比较"。

我们之前谈过"成熟的人应该有什么样的人际观？"的问题，其中提到人际观中零和博弈思维与共赢思维的区别，在零和博弈思维的指导下，分歧就是你死我活的斗争，但共赢思维下，出现分歧依然可以求同存异。"赞同—补充—比较"三部曲其实就是求同存异的思路。

大家都玩过一种"大家来找碴"的游戏，从两种相似度90%以上的图，找出几处不同之处。很多人也把生活当成了"大家来找碴"的游戏，观点出现分歧的时候，注意力全都聚焦在不同之处，对彼此的共识视而不见。

"赞同—补充—比较"三部曲，首先要找到共识，大部分出现分歧的情境里多少都能找到共识，请先对共识的部分表示赞同，建设性的讨论一定是从双方一致的看法出发的。

其次是补充，如果对方的意见不够完善、有所遗漏，正确的态度应该是对一致之处表示赞同，对于疏漏之处"我做出补充"，而不是针锋相对地"挑错""纠正"。

当双方的看法大相径庭时，不要简单地认为对方的观点是错误的，而是客观地把双方的观点摆在一起进行比较。你要做的不是跳出来指控对方的观点错误，而是承认你们的看法不同。

　　沟通高手不会把双方的差异变成争执的火药桶。

情商高的人有哪些不为人知的沟通技巧？
——适度的挑衅，会让对话热络起来

你是不是像我一样，受够了一提起沟通技巧，听到的就全是"认真倾听""换位思考""尊重他人"之类的套话？这些话说得都没错，也在情在理，但全是老生常谈，全是正确的废话。

所以这一章，我要介绍一些情商高、沟通能力强的人有意识或无意识地在使用，却想不起来告诉别人的沟通技巧。招招都是实招，旨在增进理解、有效沟通。

01 验证沟通法

在我们拆解"情商"这个概念的时候，说过情商包括了解他人情绪的能力，这种了解主要通过表面的察言观色、内在的同理心来进行。但大家有没有发现，大多数时候我们所说的情商，指的是一种不动声色、悄悄进行的、单方面的对他人情绪感受的判断，是一种未行诸语言的读心术。也就是说这种判断实际上只是未经验证的主观推测。

当我们对自己看穿他人心思的能力太过自信的时候，想当然地认为无须询问就能理解他人的思想、情感和观点，就经常犯一个容易犯、自己却不易察觉的错误：把主观推测当成既定事实。

丈夫下班回家寡言少语，妻子质问："你为什么一回家就给我脸色看？"丈夫瞬间就火了，他并不是给妻子脸色看，而是最近工作压力大、进展又不太顺利，每天到家已经身心俱疲，妻子非但不体谅还无理取闹。"我什么时候给你脸色看了，你不要无理取闹行不行？"两句话的工夫这个家庭就可能爆发激烈的争吵。

很多严重的误解与矛盾就是这样造成的。

验证沟通法则可以帮助我们避免类似这样的误解。它完整的程序包括三个部分：

1）描述你观察到的行为。

2）列出关于此行为至少两种推测。

3）请求对方对这些行为的诠释做出澄清。

比如上面的例子，如果妻子用验证沟通法不仅可以弄明白丈夫寡言少语的原因，又显得体贴、没有攻击性。

"你这几天回家都不怎么说话，也不怎么爱笑。"（描述观察到的行为）

"不知道是我哪里做得不好让你不开心了？"（第一种对行为的推测）

"还是你工作太累回家只想休息不想说话？"（第二种对行为的推测）

"你能不能告诉我是怎么回事呢？"（请求澄清）

描述观察到的行为时要具体，因为你的推测要有事实依据。你注意到的情况对方未必注意到了，如果不和对方说清楚发生了什么，后面的推测听起来就像无端的猜疑。描述观察到的行为还要客观，加入主观评论，比如把上述第一句话改成"你这几天老板着脸"，验证沟通法制造的友好沟通氛围就大打折扣了。

类似地把观察和评论混淆的情况还有：

"经理不把我当回事。"（评论）

"经理开会的时候，唯独没有询问我的意见。"（描述）

给出两种以上诠释，是避免把主观的推测和判断当成事实。

把主观判断当事实，如果我们判断错了，有时候会误解他人。始终假定自己的第一判断是正确的，这样很危险，因为别人并非总是按照我们理解的方式行事。

《爸爸去哪儿》第三季中，林永健见到儿子林大竣把蒙古包里的QQ星往自己书包里装，认为孩子是喜欢占小便宜，不由分说就一通训斥，大竣委屈极了，后来才弄清楚大竣是怕其他小朋友没有，想带去分享。如果他给孩子一个回答澄清的机会，结果会多么不同。这件事情之后，我有点理解，大竣为什么有一次直接问自己的爸爸："你是魔鬼吗？"

把主观判断当事实，即使我们判断对了，对方确实就像我们所说的那样，也可能激起对方的防卫心理。义正词严的口吻、质问的语气，都不容易被人接受。大多数人都不喜欢别人对自己行为的原因草率地下结论，即使一针见血地指出他们的真实想法，他们也会防卫："别以为你很了解我。"

有的人能预见到直接亮出自己的判断和想法，可能会引起尴尬或冲突，所以就把心里话藏起来，造成不少困扰。

我曾经遇到过这样的事，我和妹妹参加工作后，因为工作的地方离家远，每年回家的次数很少。有一年，回家陪家人过年，我发现我回家的时候，爸爸似乎没有显得特别高兴，后来妹妹回来的时候，他却显得尤其高兴和亲热。很久没回家了，我希望自己回家的时候也能得到热烈的欢迎，所以我觉得特别失落、委屈、不开心。

可是直接去质问爸爸是不是更想妹妹，更期盼妹妹回家，妹妹回来更让他开心似乎有点不好。这件事被藏在我的心底，让我整个春节郁郁寡欢，无形当中和家人有了看不见的小隔膜。其实，我完全可以用验证沟通法开诚布公地和爸爸谈论我的想法。

还有许许多多次，因为畏惧领导的威严，心存疑惑也不敢直接说自己真实的想法，怕误解、冒犯、得罪领导，其实也可以通过验证沟通法开口询问。

验证沟通法提供多种可能性，不仅可以避免因为我们的武断而误解他人，而且提出两种以上推测然后要求澄清，是一种讨论的语气，而不是笃定、指责、质问的语气，你在鼓励对方说出他们的看法，而不是自以为是地认定我们对事情的解释就是事实。同时，你也无比清晰地说出了心中的想法、疑虑、判断，既直言不讳又不伤害对方面子和自尊。

为了让两种诠释更容易被人接受，我还建议至少有一项是善意的、完全不具威胁性的推测。这充分地保留了对方的颜面，可以大大减少对方的防卫。它谦恭地暗示：我不敢认为自己想的都对，也许我误解了你，但我诚恳地希望能更理解你真实的想法。

沟通不顺畅最大的障碍是彼此的误解，最容易让关系生出嫌隙的也是误解，而验证沟通法是帮助我们增进了解、澄清误会、解开心结的良方。不过我们不用每次都完整地三步走，有时候一句简单的"怎么啦"就可以起到验证的作用，要根据谈话的风险来挑选合适的方式。

但需要注意的是你持有的是一种平和的、开放的态度，控诉的语气、敌意的姿态会暴露你的真实态度，验证沟通法就发挥不了原本的作用。

02 枕头法

我们多次强调过同理心的重要性。目前我们已经对同理心具有以下认识：

同理心指的是从另一个人的角度来体验世界、重新创造个人观点的能力。它包括三个层面。

一是观点上，你先把自己的意见放到一边，你试着去理解别人的观点。同理心并不意味着要同意对方，但可以帮助你在争执的时候快速找到基本共识。

二是情感上，你去体验别人的感受，比如他们的恐惧、悲伤、失望。

三是关心对方的福祉，不光是和对方有一样的想法和感受，而且进一步真诚地为他们的利益着想。

可是同理心这件事说起来容易，做起来难，特别是我们身处激烈的争端中的时候，如果有人叫我们换位思考、体谅他人，那种感觉就像《大话西游》里孙悟空和观音打架的时候，唐僧在旁边叨叨地讲道理一样烦。

我们并不是想要换位思考、想要同理心的时候，就能换位思考、就能有同理心。我们的内心抗拒这么做，更倾向于证明自己观点的正确和行为的合理。可是每个人都固执己见，大家只会一起陷入争辩的泥塘。那么面对复杂的、有争议的议题时，有没有一种方法让有同理心这件事变得更容易呢?

有，有一种方法，可以帮助我们增强同理心。

这种方法叫作"枕头法"，它是由日本小学生想出来的一种思维方法。枕头有四个角和一个中心，而问题也可以像枕头一样，从五种角度去理解，每一种角度和立场都有自己的价值。

立场一：我对你错。

这是我们惯常的立场，面对争议和分歧的时候，我们总是倾向于看到自己观点的正确、行为的合理，而把错误归于他人。

就像伊索寓言《两只口袋》里说的，普罗米修斯创造了人，给每个人挂上两只口袋，一只装别人的缺点和恶行，另一只装自己的。他把那只装有别人恶行的口袋挂在前面，把另一只挂在后面。因此人们总看见别人的恶行，自己的却看不见。

立场二：你对我错。

放弃自己的立场，站在对方的立场考虑问题，这个有点难度，需要克服天性。但我们说过，同理心并不代表同意，暂时放下自己的立场，演练他人的立场只是为了多一个角度、多一个视角看世界看问题，并不是让你缴枪投降。

掉转立场真的会看到完全不同的世界。我体会最深的一次是参加辩论队选拔，同一个辩题赛过一次之后，我们被要求从正方换到反方，从反方换到正方重新比赛。一开始我是蒙的，可是备赛的过程中，神奇的事情发生了：转换立场、掉转枪头之后，原先深信不疑的观点开始被我质疑了，原先看不到的事实论据通通浮现出来了。

换到"你对我错"的立场，你要尽可能解释清楚对方观点与你有何不同，找出对方立场的优点和合理之处，即使对方的行为有诸多让人难以苟同的地方，也要试着去理解对方为什么要这样做，是否情境使然，是否有难言之隐。接着你要故意唱反调挑剔自己的立场的错误和不合理。

立场三：双方都对，双方都错。

经过立场二的洗礼，你应该能认识到之所以有争议，是因为双方都同时具有优点和缺点。你终于认识到这个世界不是非黑即白、非对即错，这个世界是灰色的，它可能存在中间状态。虽然依旧没有让步，但你的态度终于缓和下来，不再那么吹毛求疵了。

立场四：这个议题不重要。

这个视角是上帝视角，两只蚂蚁因为一个米粒打起了架，在我们看来是可笑的，因为它们只盯着眼前的米粒，却没发现不远处有一个饭团，更没察觉有人往地上泼了热水，它们马上要遭遇灭顶之灾了。

有些人总是把在细枝末节上的分歧渲染成你死我活的争辩，有人甚至因为牙膏从底部开始挤还是从中间开始挤闹得不可开交而离婚。在争执中，我们就是为眼前的米粒打架的蚂蚁，我们盯着分歧，忘记了更重要的东西。我们为琐事吵架，可是更重要的是我们的爱情，相比于这段感情，谁对谁错一点都不重要，或者没有我们现在看来的那么重要。

相信大家都有过这样的体验，现在发生的事情好像比天大，可是过一段时间之后再回头看却微不足道。试着跳出来，从超脱的视角重新审视问题，好好地问一问自己：这个问题真的有那么重要吗，真的有必要为它争得头破血流吗，真的到了完全不能让步和妥协的地步了吗？

跳出对和错、是与非的框架，从重不重要的维度看问题，你一定会有新的发现。

立场五：四个立场都有真理（枕头的那个中心）。

尝试了犹如人格分裂的四个立场，你已经对问题有了多维度、多角度的认识，你会发现每一种立场都包含有价值的见解。

也许你豁然开朗，找到新的思考模式，有了处理不同意见、解决争执的能力。当然枕头法也不是万能的，你可能仍然没有改变最初的想法，双方仍然没办法达成共识，眼前的问题也没有得到解决。这也没关系，使用枕头法之后，你的想法不再偏激、不再狭隘，你对别人的立场更加宽容，剑拔弩张的沟通氛围也缓和了下来。

第三方可以通过枕头法帮助他人解决他们的争端，我就曾经用枕头法的思考方式帮助一个闺密和男朋友和好。我们还可以把争议方都拉进枕头法的思考框架里，增进理解。

一定记得多练习，等有一天枕头法所代表的思考模式变成你的思维习惯，等你能娴熟地用五种观点看待同一个议题，你离成为沟通高手就不远了。

03 正面缓冲法

当你听到不同的意见，并准备反驳的时候，会怎么做呢？

很多人的选择是立场鲜明地申明观点、掷地有声地反驳对方。我能理解，我太能理解了，因为我也总是拒绝不了这种畅快淋漓表达立场的诱惑，抑制不了旗帜鲜明驳斥对方的欲望，甚至常常跃跃欲试，等不及对方说完就要"亮剑"。

可是后来我发现，不管我是否说得有理有据，对方早早就举起了反对牌。我的强势激起他们用全身的力气来反对我，他们用我对待他们的方式来对待我，不同的观点显得水火不容。

我找到一种方法，它能让你既表达自己的观点，又让对方更容易接受你的观点：正面缓冲法。

1）要耐心地听完对方的陈述。

就算心里再不同意，嘴里再渴望反驳，也要等对方说完。

2）找出正面的部分加以肯定，为自己即将发表的反对意见做缓冲。

等对方说完了也不要急着表示反对，从对方的陈述中找出正面的部分予以肯定。

如果对方的观点，你是部分同意的，请先把同意的部分拎出来予以肯定。如果对方的观点你完全不同意，你可以找共同的目的，比如"大家都是为了找到一个最佳的方案"；你可以说基本共识，"我们都认为目前的制度是过时的"；你还可以夸奖对方呈现出来的态度："我觉得你很有想法！"我们总能找到可以肯定的地方，除非你自大到觉得对方一无是处。

为什么要这么做？因为每个人都是希望别人赞同自己、认可自己的。同时顺序很重要。心理学上有一个"首因效应"，最先接收到的信息对人的影响最大，简单来说就是人的大脑在认知上习惯先入为主。先同意再反对和先反对再同意两种顺序给对方的感觉是完全不同的，先反对再表达肯定，收效甚微。

肯定是为了让对方放下防备心理，每个人心的门口也是有卫兵的，当你激起他的防卫心理，你的信息就会被挡在外面进不去。而肯定的信息可以帮助你绕过门口的卫兵。适当的让步是以退为进，既不伤害大原则，又能达到更好的沟通效果。

3）委婉转折后，发表自己的观点。

我们对"可是""但是""然而""不过"这些强势的转折词是非常敏感的，它们会让前面的肯定信息付诸流水，因为我们只要听到这些词，会条件反射地觉得前面的肯定是虚伪的，是假的，是应该作废的，因为大家都明白强势转折词之后的内容才是真心话。

所以我们可以尽量使用"我这里也有一个想法""同时我觉得""我有一点不成熟的意见""说说我的想法，但不一定对"这样的委婉转折。

你是不是觉得正面缓冲法不是什么新鲜的玩意儿？是的，一点都不新鲜，从小到大，我见过无数年长的人使用过。以前体会不到这种被普遍使用的技巧有什么好处，还嫌弃他们啰唆多余。

很久以后才明白，他们的沉稳、谦逊之气哪里来的？就是从这个以退为进的表达技巧里来的啊。

04 重新定义法

现场有人发表了措辞尖锐、明显不妥当的言论之后，你如何救场圆话？发言者思维混乱、陈述冗长、让人昏昏欲睡，你如何扭转这个局面？有人问了你一个很难回答的问题，你如何得体应对？

重新定义法正是用来应对这些棘手的局面的。

重新定义法，顾名思义就是重新表述对方的说话内容，但要注意既不是鹦鹉学舌的重复，又不会偏离原本的意思太远。

重新定义法的第一种用法是：改变措辞，使之更加得体。

何炅被称为主持界的"救场王"，有一次谢娜直言："那个时候荧屏上流行那种很做作的主持方式，我都觉得我一辈子都当不了主持人。"这句话是不妥当的，有讽刺前辈、贬低同行的意味，但何炅怎么说？他马上说："也不能说是做作，那时候是比较规范。"

我们都知道谢娜形容的是那种字正腔圆、一本正经的主持方式，但"做作"的说法有贬低讽刺的意思。何炅机智地把"很做作"重新定义为"比较规范"，措辞变得更中立、更没有争议，也就不那么有攻击性和威胁性，自然就显得得体恰当了。

重新定义其实是许多情境中救场圆话的基本原理。在2009年春晚的首次彩排中，青年美声歌手王莉在上场的时候不慎摔倒。面对这一突发状况，董卿临场发挥，说了这样一段话："刚才歌手王莉不小心摔倒，好在没影响到她的演出。其实春晚就是这样一个舞台，能站在这里的都是最优秀的演员，大家都是摔倒了又爬起来才走到这里的！"她重新定义了王莉的摔倒，巧妙化解尴尬气氛，这段话既落落大方，又温馨励志。

重新定义法的第二种用法是：总结提炼。

这是我自己遇到过的情况，采访的时候，有时候遇到的采访对象表达欲很强，可是又语言啰唆、逻辑混乱，还大有偏题的苗头，我能采集的信息非常有限，采访的效率变得很低。这个时候怎么办？

生硬打断是不行的，应该用重新定义的方式总结提炼对方的观点："我明白了，您的意思是说……"既表明自己在认真倾听，又可以顺势自然地抛出下一个问题。

重新定义在回答问题时也有妙用。

电影《疯狂动物城》里，狐狸尼克给第一次主持新闻发布会、万分紧张的兔兔警官支着："如果遇到一个自己不知道如何回答的问题，试试自己重新问一个问题，然后回答它。"

重新问一个问题，当然不能抛出一个与原问题完全无关的问题，这会让人感觉在心虚回避，这不是成功的新闻发言人的做法。正确的姿势应该是：重新定义这个问题。

比如社会影响极其恶劣的重大刑事案件，凶手未落网，人心惶惶。警方召开新闻发布会，记者提问：警方什么时候能抓到凶手？这个问题是不好回答的，最好不要承诺破案的时间又不能直言不知道、不好说。

但可以把这个问题重新定义为：这位记者朋友想了解目前案件有什么进展？接着就可以在不泄密、不影响破案的基础上，谈警方已经取得的工作进展，比如成立专案组、下派专家、出动警员地毯式排查、加强社会巡逻保护市民安全。如果已经锁定嫌疑人，发布了通缉令，就可以说明全网发布通缉令、线下张贴多少通缉令，然后请媒体帮忙发布、请群众提供线索。要强调重视程度，绝对不能给大家警方办案不力、警方不作为的印象。可以说一些空话套话，但不能全是空话套话，尽量"喂"记者一些实质性的信息。

电影《肖申克的救赎》中黑人瑞德有三次假释谈话，第一次假释谈话是他入狱第20年的时候。

警官问：你判无期已经20年，你改过自新了吗？

他答：真的，我已洗心革面，上帝为证，我不会危害社会。

很不幸，他的申请被驳回了。

第二次假释谈话是他入狱第30年的时候。

警官问：你被判无期已经30年，你改过自新了吗？

他答：是的，确实如此，我真的已经变好，上帝为证，我不会危害社会，我完全悔过自新。

很不幸，虽然时隔10年他才获得第二次谈话机会，但他的申请还是被驳回了。

第三次假释谈话是他入狱第40年的时候。

警官问：你判无期已经40年，你改过自新了吗？

这次他没有顺着警官的问题回答，而是重新定义了问题。

他答：改过自新？我想想看。我不懂什么意思？

警官说：就是重返社会。

他反问：这我懂，年轻人，它对我来说是虚词，政客发明的词，使你们穿西服打领带的人有活干，你到底想了解什么？我后悔犯罪吗？

警官再问：你后悔吗？

囚犯答：我没有一天不后悔，但并非受处罚才后悔。我回首前尘往事时，想到那个犯下重罪的小笨蛋，我想跟他沟通，我试图讲道理，让他明了。但我办不到，那个少年早就不见了，只剩下我这副垂老之躯，我得接受事实。改过自新？狗屁不通的词。你盖章吧，别浪费我的时间。告诉你一句实话：我他妈的不在乎！

结果申请被批准了，他可以出去了！

警官每次问的问题都一样，但最后一次和前两次有什么区别？区别在于瑞德重新定义了问题。你改过自新了吗？其实是一个不好回答的封闭型的问题,你能回答没有吗?警官这个例行公事的提问,只要脑袋没坏掉的囚犯都会回答自己已经改过自新了。那你怎么有说服力地证明自己已经改过自新了呢?

瑞德重新定义了问题,把问题从"我改过自新了吗?"变为"我后悔了吗?"后悔是一种心里的感受,谈感受是可以打动人的。我后悔吗?我当然后悔了,因为年少时犯下的错,我在生命最好的时光都被囚禁着,那个犯错的少年早就不见了,如今我只剩下垂老的身躯。

05 用亲昵的称谓减少防卫

这是个微不足道的小技巧,但非常实用。

电视剧《欢乐颂》中,小包总的妈妈包太第一次见到安迪,就亲昵地唤她"囡囡",这是方言里对小女孩亲昵的称呼。不提后面安迪与包太的瓜葛,最初的这一句"囡囡"是一记绝杀,完成了示好、拉近关系、减少防卫的所有任务。

在网上看过一个段子,女生喜欢拉着男朋友的衣服走路,男生说:"你不要拉我的衣服,好不好?"女生听了就有点小情绪了:"我不管,你和我说话要加上宝贝。"男生:"你不要拉我的宝贝衣服，好不好？"

虽然是个段子，但女生的说法确实是一个有用的技巧，在有风险性的要求中加上亲昵的称呼，可以减轻攻击、责备的意思，减少对方的防卫心理。

妻子提醒丈夫："东西用完，放回原来的地方好不好？"就算用再温和的语气，也有一丝责备在里头，对方听完很可能是不高兴的。但是加一个亲昵的称谓，变成："宝贝，东西用完，放回原来的地方好不好？"立马就不一样了。

这是为什么呢？因为在亲密关系里，沟通中的情绪氛围是由双方对当前关系状态的判断决定的。当一方觉得另一方不够宽容，他介意的并不是事情本身，而是对方的态度反映出来的爱和在乎的程度。称呼可以给关系定调子，我们非常生气的时候会一改平时的亲昵称呼，大声直呼对方的大名。亲昵的称呼则暗示着：我们的关系还是好好的，我还是一样地喜欢你，我并没有责备你的意思。

亲昵的称呼不止作用于对方，也作用于我们自己。亲昵的称呼同样在暗示我们自己，这是一个很亲、很重要的人，我不能用生硬的态度伤害他的感情，语气也随着亲昵的称呼软了下来。

PLEASE

S T O P

NONEFFECTIVE
SOCIALIZING

———

Chapter 03

第三章

如何成为一个受欢迎的人？

如何爱一个人：爱的五种语言
——你真的知道怎样去爱一个人吗？

　　我们终其一生都在爱与被爱，可是你真的知道怎样去爱一个人吗？

　　爱是一种能力。有的人爱得岁月静好，有的人却爱得鸡飞狗跳；有的人爱成一对神仙眷侣，有的人却爱成一潭死水；有的人被宠溺一生，有的人却在不断受伤和逃离。

　　我一直觉得，我们并不是生来就会爱的。我们不是天生的男朋友、女朋友、丈夫、妻子、爸爸、妈妈，不是天生就知道怎样去爱一个人。爱是一种需要学习的能力，太多人还没学会就匆匆上岗，建立一段亲密关系，然后又亲手毁掉一段亲密关系。

　　我们还容易产生一种大功告成的错觉，单身的时候觉得找到对象就大功告成，恋爱的时候觉得结婚就大功告成。童话的结尾总是公主和王子举行了盛大的婚礼，从此幸福地生活在一起。

但建立亲密关系和维系亲密关系是两回事，激情消退后，公主和王子的婚后生活很可能是一地鸡毛。恋爱初期的海誓山盟不算什么，相依相守的细水长流才考验爱的能力。

那我们到底应该怎样去爱一个人呢？我们牵起一个人的手之后，怎样才能一直幸福下去呢？

《爱的五种语言》帮我们梳理出爱一个人的五种方式：肯定的言语、精心的时刻、接受礼物、服务的行动、身体的接触。从中可以衍生出无数种爱的行动，但万变不离其宗。

作者盖瑞·查普曼是北美著名的婚姻辅导专家，他让我开始相信：获得幸福是一种能力，而不是一种运气。

爱的语言一：肯定的言语

很多亲密关系出现裂痕，就是沟通出了问题。

2014年周迅主演了一部电影叫《撒娇女人最好命》，让关于撒娇的讨论一度白热化。两边吵了起来，一边认为撒娇是作，是嗲，是扮柔弱抢男人的手段！一边则认为会撒娇是一种软实力，是女生的性别优势，世界是属于会撒娇的女人的！

我想撇开电影塑造的脸谱化的台湾女生，来讨论为什么我也认为撒娇的女人最好命。

电影上映的时候，我还是个撒娇绝缘体，我想象不出来自己撒娇的样子，但遇到熊猫先生后发生了神奇的改变。我发现电影误导了我们，撒娇女生的对立面并不是坦率、真诚、大大咧咧的女汉子。撒娇的对立面是一种不顺畅的、破坏亲密感的沟通方式。

撒娇帮助我们建立亲密感，它使用的是爱的第一种语言：肯定的言语。

1）去赞扬和感谢，不要觉得理所当然。

我们很容易把亲密的人的付出当成理所当然，妻子做了可口的饭菜，吃完撂筷子就走；丈夫回老家提了一家人的行李，没有人问他是不是累着了；女朋友洗掉了所有的脏衣服是理所当然的，男朋友通了下水道是理所当然的，所有事情都被视而不见，就像石沉大海一样没有得到一丁点回应。两个人变成了所谓的"老夫老妻"，但爱的氛围就是这样消耗殆尽的。

熊猫先生曾经跟我说，不要和他说谢谢和对不起，我们之间没有谢谢和对不起。但我不同意，受了恩惠就要感谢，觉得抱歉就道歉，我们对陌生人尚且维持基本礼节，对最亲密的人反而无所谓了？感谢是因为心怀感恩，没有什么是理所当然的，所以感谢他毫无保留的付出，感谢他无微不至的保护。对不起是想告诉他，如果他因为我受到一丁点的伤害我会愧疚万分，我永远不会也不想伤害他。

熊猫先生风雨无阻地来接我回家，我会说：谢谢你来接我，我觉得好有安全感啊。他每天给我做爱吃的菜，我会说：辛苦啦，我觉得你好爱我哦。他把满满的行李箱放到了高处，我会说：哇，你好厉害啊，刚才我好怕砸下来……

从来不觉得理所当然，不吝赞扬不忘感谢，这让我和熊猫先生的两人三餐四季，充满了各种小确幸。

2）去鼓励和肯定，不要讥讽和嘲笑。

我的公众号是从2016年5月份开始做的，刚开始做了一个多月就可怜巴巴的几十个粉丝，我跟熊猫先生说："我不会永远这样的，我会做大，有一天，我要让别人都看见我。"虽然说着大话，其实心里特别没底气，如果这个时候有人打击我，我可能一下子就泄气了，但熊猫先生坚定地说："我相信你，我会永远支持你。"梦想道阻且长，我会继续战斗，熊猫先生的支持就是我的盔甲。

但看过太多人对伴侣的目标和计划不屑一顾："切，就你啊。""我看你还是算了吧，三分钟热度。""你不行的，别折腾了。"最亲近的人都不支持你挺你，这个打击或许比所有的质疑都致命。

我觉得有时候甚至连玩笑、吐槽和互黑也要注意尺度，千万不要一不留神，把刻薄当幽默。

3）温柔地请求，不要颐指气使。

温柔地请求，可以让对方觉得自己有价值、被需要，而颐指气使却让对方觉得自己被贬低、不被尊重。同样是表达自己的愿望，温柔地请求可以建立亲密感，而颐指气使地要求却在抹杀两个人的亲密感。在一段理性的亲密关系中，双方应该达成共识：建立和不断巩固亲密感，是相处的最高原则。即使出现分歧，也要以温和的方式解决，尽量最低程度地破坏亲密感。

注意说话的语气语调，怎么说比说了什么更重要。

《沟通的艺术》把沟通分为内容和关系两个向度。内容向度指的是明确谈论的信息，关系向度表达的是对对方的感受。"我爱你"内容向度是在示爱，但如果是不耐烦的语气，那关系向度就是敷衍了。"好，今晚我来洗碗"内容向度是在承担家务，但如果是咆哮着说，那关系向度表达的是愤怒和不满。

常见的恋爱情境之一是吵架后男生说我道歉了，也说爱你了，你还想我怎么样？为什么关系没有修复呢？因为我们在有意识地传达明确信息的时候，可能在无意识地表达与字面意思截然相反的感受。

174

对主要爱语是肯定的语言的人来说，这些尤其重要。这和成长经历有关，他很可能在一个缺乏认可的环境中长大，长期渴望被肯定和赞扬。只有在语言上被温柔以待，他们才有被爱的感觉。

爱的语言二：精心的时刻

得到他人肯定的语言，当然是一件让人开心的事，但我的主要爱语是精心的时刻。

精心的时刻指的是给予某人不分散注意力的时间。记得《来自星星的你》有个对视15秒的经典桥段，静默中，都教授不能自持地亲了千颂伊。为什么那样的时刻容易让人怦然心动？因为目光交汇的时候，所有的喧嚣都隐退消失了，他们完完全全属于彼此。

我觉得，这本书说的"精心的时刻"和《小王子》里的狐狸说的"仪式"，是同一种东西。

"仪式是什么？"小王子问道。

"这也是一种早已被人忘却了的事，"狐狸说，"它就是使某一天与其他日子不同，使某一时刻与其他时刻不同……"

是啊，确实是早已被人忘却了的事。多少人明明同处一室，物理距离很近，但却不在共处。人们的注意力都心甘情愿地献给了手机和手机里那个充满诱惑的信息世界。在这个吊诡的世界，朋友聚会，各玩各的手机；情侣约会，各玩各的手机；甚至新郎新娘一起坐在婚车后座，仍然各玩各的手机。我感激熊猫先生，每次我唤他的时候，即使球赛正白热化，电影正到精彩处，他也会搁下手机，然后问我怎么了。

我像鱼需要水一样，需要精心的时刻。只有一起经历精心的时刻，我才敢确信自己是被爱的。

精心的时刻分为精心会话和精心活动，我尤其需要精心会话。

精心会话基于最深的信任，我们自在地、毫无戒备地自我表白，然后用最专注的倾听，了解另一个灵魂。

我和熊猫先生每隔一段时间，就会进行一次精心会话。我们讨论职业规划和工作遇到的瓶颈、谈论当下的焦虑和最深的恐惧、谈论相处的感受、倾诉对彼此的依恋。更经常的是回顾个人历史和描绘未来愿景，我们谈论将要一起抵达的未来，也谈论彼此不曾参与的过去。这是我觉得我们最亲密无间的时刻，我们的生命深刻地缠绕在一起。

而在友情里，如果没有经历一次推心置腹的谈话，我无法真正把一个人当成朋友。

可是很多亲密关系中，两个灵魂是处于失联的状态。我常常觉得，如果不知道对方在想什么，两个人即使躺在一张床上，中间也隔着崇山峻岭。日本电影《世界上的另一个我》讲的是两个都叫NANA的女孩的故事，奈奈是天真可爱的"软妹子"，娜娜是朋克摇滚乐团主唱、看起来酷酷的女孩，这部电影很久以前看的，但我却一直记得奈奈对娜娜说：你从来不谈论自己，所以我觉得好孤单。

精心的活动为我们制造回忆。一起散步、一起看电影、一起旅行、一起做饭……做什么其实不重要，重要的是创造注意力交集的时刻。同在的体验，可以让主要爱语是精心时刻的人感觉自己被爱包围，忽略他们的这种需求，他们就会觉得自己备受冷落、没有被爱着。

多少夫妻，因为丈夫忙于工作，无暇陪伴而分道扬镳。陪伴是最长情的告白，再忙也不要忘记陪伴。

爱的语言三：接受礼物

爱的本质就是给予的精神。世界上几乎所有地方，都用赠送礼物来表达爱，这种爱的语言跨越了文化，跨越了国界。我以前不理解礼物的意义，总觉得生日礼物之类的只是个形式，心意在就好，有没有礼物并不重要。但后来我改变了想法。

我觉得，礼物除了帮我们传达珍视的心意，至少还有两个重要的意义。

可见的礼物替我们闯进另一个人的生活。我最好的朋友是世界上对我最好的人之一，书签、钱包、戒指、手链、洗面奶，甚至电蚊香，高中到大学那几年，她似乎把所有能想到的、觉得我能用到的东西都买给我了。有一天我突然发现拿起放下，都是她送给我的礼物。即使我们分隔两地读书，这些礼物也替她参与了我的生活，她和我从未走远。

礼物帮我们建立一种仪式感，让生日、节日、纪念日区别于其他普通的日子。逝者如斯夫，时间在无差别地流逝，但我们可以人为地赋予某些时间节点一种意义，让它们区别于其他普通的日子。所以我一直觉得，我们应该认真地过所有生日、节日、纪念日。

爱的语言四：服务的行动

"爱就是在别人的需要上，看到自己的责任。"关于爱，这是我看过的最深刻的定义。

世界上最虚伪的动物就是口头上的暖男，他们会在你饿的时候，提醒你吃东西；在你感冒的时候，提醒你吃药；在你生理期的时候，让你喝热水，但是从来没给你送过一次吃的、给你买过一次药，帮你冲过一次红糖水。

爱情里是如此，友情里也一样。真心的朋友和普通的朋友的区别就是，在你遇到困难的时候，普通朋友会给你充满同情的口头安慰，却从未援手。而真心的朋友，不需你言语，就会第一时间用行动来支持你。

真正爱你的人，看到你有需要，他的第一反应永远是：我可以为你做什么？

我经常磕磕碰碰，把自己弄得青一块紫一块，特别是一个家具的拐角，总是撞得我掉眼泪，熊猫先生笑我太笨，却悄悄从公司带回一块塑料气泡垫，用它把那个让我多次中招的拐角给包上了。爱你的人，他的好永远不只是口头上的。

爱的语言五：身体的接触

身体的接触是沟通情感的重要方式。

美国心理学家哈洛做过一个著名的实验，他们让新生的婴猴从出生第一天起同母亲分离，以后的165天中同两个假母亲在一起——铁丝做出的妈妈和布料做成的妈妈。铁丝妈妈的胸前挂着奶瓶，布料妈妈没有。虽然当婴猴同铁丝妈妈在一起时能喝到奶，但它们宁愿不喝奶，也要同布料妈妈待在一起。

哈洛由此得出结论，身体接触对婴猴的发展甚至超过哺乳的作用——只有有饮食需要时，它们才去找铁丝妈妈，其余大部分时间则依偎在布料妈妈的身上。虽然这个实验的对象是猴子，许多心理学家认为，它对人类婴儿同样适用。

从婴儿期起，人就有身体接触的需要。这种需求贯穿人的一生，没有足够的身体接触，很多人感觉不到爱。

亲密关系中，身体接触是表达爱不可替代的方式，挽臂牵手刮鼻子，亲亲抱抱举高高，摸头壁咚公主抱，最后还有滚床单。

在亲密关系中，身体是最诚实的。情感上亲密无间，身体就亲密无间；如果产生隔阂，就会抗拒和保持距离。

用身体接触来告诉对方你有多爱他，就像儿歌唱的：爱我你就亲亲我，……爱我你就抱抱我。有时候暂别和迎接时的大力拥抱，就足以表达深情。

找到自己的爱语

《爱的五种语言》最核心的观点就是，我们每个人感受爱的途径是不同的，一个接受礼物时才能感觉自己被爱的人和一个听到肯定的言语才真正感觉自己被爱的人，就像使用英语和汉语一样不同。

所以这本书把爱一个人的五种方式称为爱的五种语言。人们说着不同的爱的语言，正确地爱一个人，就是用他的语言来表达你对他的爱。

先从认识自己开始，我常常觉得女生们喊着"要么给我钱，要么给我爱，要么给我滚"的时候，也许并不知道自己需要的是什么样的爱。

怎样找到自己的主要爱语呢？有三种方式。

第一，看你最渴望的：你最希望伴侣做的是什么？是什么使你相信他或她真的爱你？什么时候你最能感受到来自他或她的爱？

第二，看你最受伤的：他或她做了哪些事或没做哪些事，让你受伤害最深？

第三，看你如何示爱：你表达爱的方式，一般就是你感受爱的方式。

再推己及人，找到爱人的主要爱语。

第一，看他最渴望的：他经常请求你做的是什么？

第二，看他最受伤的：他经常抱怨的是你的哪些行为？最耿耿于怀的是你没做哪些事？

第三，看他如何示爱：他表达爱的方式，一般就是他需要的爱的方式。

　　一个接受礼物时才能感觉自己被爱的人，你说尽肯定的言语，她也不感冒。一个渴望精心时刻的人，你没有花时间陪伴，就算送再多、再贵重的礼物，她仍然觉得内心荒凉。一个需要爱抚的人，你没有给予身体的回应，就算为她做了再多事，她还是觉得自己没人爱。

　　"爱的五种语言"理论，适用于所有形式的爱。一个孩子如果感受不到爱，就会出现问题行为；一个朋友如果感受不到爱，友谊的小船就会翻；一个成年人如果感受不到爱，爱情和婚姻就会出现危机。

　　所以，请努力找到彼此的主要爱语，用正确的姿势相爱。

如何有效地安慰一个人？

——正确的安慰，大多遵从这样的步骤

我是一个很感性的人，情绪丰富，对世界、对他人、对自己的感知都很敏锐，很容易被触动。我又是一个很理性的人，我可以把自己的情绪摆在砧板上观察、处理，即使是最崩溃的情境，也可以快速收拾心情。

在好多年前，我就学会了情绪自理。我发现，我越来越不喜欢别人来干预我的情绪，哪怕是最亲近的人，哪怕是充满温情的安慰。因为多数人都不擅长安慰。我害怕误解，害怕评判，害怕自以为是的建议，这些会让我一下子对倾诉失去兴趣，我宁愿自己来消解。

我们之前说过，管理和调节他人的情绪，是情商的高阶运用。安慰就是典型的调节他人的情绪，安慰不是一件容易的事。那到底怎么安慰一个人，才能让人感到真正的关心？

01 错误的安慰，会变成更大的伤害

共情能力指的是，置身于对方处境，并体会对方感受的能力。

错误的安慰，有时候是因为没有共情。

第一种表现是轻视事情的重要性。你告诉他你面试失败的失落、你被朋友贬低的愤怒、你被老师误解的委屈，他不以为然地告诉你："那不过是一份工作而已。""这算什么呀？没必要放心上。""小事一桩，心胸豁达一点。"

对一个人来说不重要的事，对别人来说未必如此。轻视对别人来说很重要的事情，这种安慰一点帮助都没有。

第二种表现是忽视当下，只谈以后。"睡一觉明天就好了。""过一段时间，你就不在乎了。"这种安慰思路逻辑上当然是对的，我们都知道，所有的情绪都是暂时的，过段时间就会烟消云散，我们的伤痕最终会被时间治愈。它也许可以放在事情已经谈开、对方情绪已经得到安抚的时候，但绝不能一上来就这么说。因为只谈以后不管当下的安慰，对今天心碎的人是冷漠的。

还有一种是比惨。无论你告诉他你置身于何种处境，他好像总能挖出一件往事告诉你："你这种情况我也经历过，当时我比你惨多了，你这都不算什么。"就算自己没有相关经历，他也会弄来一段别人的经历，强调这一点。

　　这种安慰逻辑，等于在告诉倾诉者，你拥有这些情绪是错误的，是不应该的。

　　我最不喜欢的安慰方式是轻易下判断。她还没来得及细听你诉说原委，还没完全理解你的感受，就开始判断"我觉得你这样有点自私""我觉得你也有不对""他可能不是这样想的，你或许误会他了"，俨然一个公正严明、不偏不倚的法官。除了法官还有事后诸葛亮："谁让你……""当初你根本就不应该那么做。"

　　也许你是对的，可是作为被安慰的那一方，情绪不佳之余，你的评判无异于火上浇油。本来只想倾诉，结果还要应付你不公平的评判，真是太累了。而且在一方评判，一方替自己申诉辩解的过程里，本来简单的事情，反而更复杂了。

　　错误的安慰，有时候还因为错误的共情。

　　一种是自我聚焦。和比惨不一样，这种安慰方式是告诉对方我也经历过这样的事，所以我理解你的感受。点到为止、注意方寸的话，这是一种很体贴的安慰。可是很多人说着说着就来劲了，当你对自己的遭遇抓着不放的时候，这还是感同身受吗?

　　这种安慰逻辑本质是在不停地谈论自己，把关心的焦点从受害人身上转移走，把注意力从受害人身上掠夺走。对方的感觉："我的经历不断被你投射到自己的经历上，我只让你想到你自己，好像你只关心你自己。"

一种是不请自来的建议。误以为，对方的倾诉是为了寻求建议，没有等情绪冷却，就极其冷静理性地给出一堆建议。

笑笑的男朋友就是这样，笑笑经常向他抱怨工作辛苦、老板难相处，每次他都直截了当地建议笑笑干得不开心就辞职换工作。可是笑笑并不是想走人，她想得很清楚，工作压力大、老板不好相处，但是公司和岗位的发展前景都很好。面对男朋友冷静的建议，她很无语。她在外面工作累了，不过是想找男朋友撒撒娇，她要的是情感支持，而不是解决方案。可是男朋友就是不明白这一点。

说真的，有时候该怎么做，要这么做，我们自己何尝不知道。只是我们沉浸在感性的情绪里，需要理解、安慰和陪伴。

不要贸然给建议，除非对方向你寻求建议。

比建议更糟糕的是贸然替对方拿主意。世界上最了解一个人的，永远是他本人。他无法向你倾诉他生活的全部细节，也会有保留地和你分享他的感受，所以我们对别人的了解永远只可能是局部的，你自以为那是对方最好的选择，却未必是他想要的。

朋友向你抱怨男朋友的不好，可能只是小牢骚，你来一句"我劝你还是早点和他分手吧"，对方岂不愕然。替别人拿主意，不注意界限，有时候甚至逾越了倾听者和安慰者的本分。

提供忠告之前，先问自己几个问题：

1）对方真的需要我的忠告吗？

2）我提出忠告的时机合适吗？

3）我有能力给出最正确、最合适的忠告吗？

4）我提出忠告的方式，有顾及对方的感受、顾全对方的面子吗？

错误的安慰，不仅无法带来真正的安慰，还会造成新的伤害，甚至让安慰者和倾诉者之间生出嫌隙。

02 情绪的错误观念，大多来自原生家庭

错误的安慰来自错误的情绪观念。而错误的情绪观念，常常来自原生家庭。

观察其他家长，回想自己小时候，我发现父母对孩子情绪的处理，常常是简单粗暴的。

无非是以下四种方式：

1）交换：拿孩子平常喜欢的东西，去交换这种情绪。

孩子哭闹，告诉他："你不哭，我就给你吃糖。""别生气了，我带你去游乐园"。这对小孩可能是奏效的，可是通过转移来

处理情绪不是长远之道，情绪不会因为转移而消失，而会在心里积压。

如果"交换"变成这个孩子处理情绪的单一办法，他以后处理自己的情绪的时候，无法从内部消解，只能从外部寻求转移，很可能失控地变成暴食症患者、购物狂等。他处理别人情绪的时候，也倾向于提出用吃饭、游乐等方案替代掉别人的情绪，这种方法会奏效，也提供支持，但不能真正地走进别人的内心。

2）惩罚：认为负面情绪是不好的东西，是不应该有的。

谁有负面情绪就是他的错，应该受到惩罚。家长对孩子说："你再哭，我就揍你。"这种做法带来的影响就是孩子认为负面情绪是不该有的，是错误的。所以自己有情绪的时候，觉得无根据、不恰当、不应该。对于别人的情绪，自然也认为不应该出现，容易否定别人的感受。

3）冷漠：认为情绪是个人问题，其他人难以帮助。

遇到孩子有情绪，家长的反应是"回自己房间，气消了再出来""要哭就给你哭个够"。这种情绪处理办法，是一种孤立，这种孤立给孩子带来的孤单和无力，比情绪本身更难以承受。

4）说教：对有情绪的人说大量的道理，你应该怎么样，不应该怎么样。

"我像你这么大的时候，都已经……你不应该……"大量的说教让人烦不胜烦，却没有真正的理解。

长期被这样对待的孩子，长大后不仅处理不好自己的情绪，也无法对别人的情绪产生共情。

03 正确的安慰，大多遵从这样的步骤

那有效的安慰应该是怎么样的呢？

第一步是"接受"。

一方面，告知对方你注意到了对方有情绪。我们觉得自己最不被理解的时候，可能是默默生气、悲伤、愤怒却没有人觉知、关心。朋友、恋人没发现或假装没看到我们的情绪，我们会感到失望，觉得被冷落。

另一方面，要告知对方你接受这个有情绪的他。"你怎么又闹情绪了？""你怎么又发火了？""你干吗又发脾气啦？"这些说辞不管说得多么和颜悦色，其实都是在否定对方的情绪。

正确的做法是："我注意到你有点不开心，想和我谈谈

189

吗？""你的状态跟之前有点不一样，告诉我，发生什么事了？"

如果你手足无措，也没关系，赤诚的人会坦诚自己的手足无措，还有什么比当你听到朋友说这些的时候更觉安慰呢？

"看到你难过我也好难过，可是我不知道自己可以做点什么，才能让你好过点。"

"我不知道怎么安慰你，如果你有什么需要我随时在。"

第二步是"提问"。

接下来你的任务就是通过提问，摸清情绪引发事件的始末与细节、对方的想法与感受，还有他们的需求和期待。

不断抛出问题给对方，是给被安慰者提供倾诉的机会。将积郁的情绪倾吐出来，本身就是一种疗愈。

如果对方愿意说，请用提问打开话题，然后给予耐心的倾听。没搞清楚大概情况之前，不要贸然评判、分析、给建议。如果对方不愿意说，请不要逼问，告诉对方你随时愿意倾听和提供情感支持就好了。

让对方分享感受的时候，有一个技巧是：先分享情绪感受，然后再分享事情本身。

倾诉者总是忍不住先说事情，这个人多么过分，这件事多么不合理，这个遭遇多么让人生气，牢骚和激烈的言辞铺天盖地而来。

但是安慰者不能被他牵着鼻子走，你必须把对方的注意力迁移到他的感受上。

为什么？因为人对自己情绪的觉知和觉察，本身就是对自己情绪的瓦解。

当他说出大约6个关于感受的词语，你就会发觉他的声调降低了、身体的动作减少了。这个时候再问引起情绪的缘由，弄清楚事情的来龙去脉，就不至于两个人被困在情绪的沼泽里出不来。

第三步，"站在同一阵线"。

安慰的重点是和对方站在同一阵线上。基于前面的分享，你大概弄清楚发生了什么，找出事情中你可以接受的地方，并进行言语上的肯定。你总能找到一些基本共识，予以肯定的，比如："你这么考虑是有道理的！""遇到这样的事情，肯定会生气的。"

这样一来，倾诉者在心理上不是孤立的，能感受到自己是被支持和关心的，你是站在他这边的。

不过要注意，安慰的目的应该是平复、开解情绪，帮助对方从情绪的泥潭里走出来。安慰是需要站在同一个阵线，表示理解、支持但不要过头，不要为了表忠心、挺对方，而有意无意强化他们的负面情绪。比如，为了讨好对方，添油加醋地说坏话、夸张地攻击人。

　　另外，即使在安慰的关系里，受害方的行为也可能有你觉得不合适和不能接受的部分。我们面临着这样的难题：怎么样既不会让自己变成一个谄媚、无原则的朋友，又不会把自己放到与朋友对立的立场上呢？

　　其实站在同一阵线，并不是无条件认可对方的行为和观念。站在同一阵线主要是这样一种态度：我站在你这边，我支持你，我的所有想法和建议的做法都将着眼于你的利益，我将和你共进退。你不需要把自己变成一个批评他人行为的法官，同样可以向对方指出他需要改变的地方。

　　方法就是：先肯定再委婉提出不同看法。

　　你向对方指出他需要改变的地方的时候，不可以直接评论对方不对，或者告知应该怎么做，这样容易把自己放在和对方对立的立场上，破坏刚刚建立起来的"我和你站在一边"的心理效果。拿出同理心，关心对方的福祉，真诚地为他们的利益着想，指出需要注意的地方。

　　比如，倾诉者和已经谈婚论嫁的男友闹矛盾，想从同居的小屋搬走。你可以说："遇到这样的事情，肯定会生气。可你是打算和他结婚的，一定希望两个人心里没有疙瘩地走进婚姻，如果搬走、把矛盾激化，可能会变成两个人的隔阂。"

　　比如，倾诉者抱怨上司处处针对她，准备越级告状。你可以说："上司挑剔，你肯定做得很辛苦，但是如果不准备辞职或调岗，想在这里发展总是跳不过他，把矛盾公开化，可能会对你不利。"

第四步，"着眼未来"。

就是对未来的行动的策划，主要是为了引导对方，让他看到其他选择的可能性，燃起对未来的期望，不再沉溺于无助益的负面情绪。

这一步要有前面的步骤做基础，直接跳到这一步会让人感觉不舒服，同时对未来行动的策划以引导为主，不要贸然给出建议或替对方拿主意。

第五步，"行动支持"。

爱一个人，就是在他的需要上看到自己的责任。有些情绪，我们只能用陪伴和语言来宽慰；但有些情况，却可以用具体的行动来支持。

朋友的手臂划破了皮，语言的安慰让人暖心："天哪，我看着都觉得疼，千万别沾了水"，但如果为她买来一个云南白药创可贴，就更加贴心。

室友准备辞职考研，十分焦虑，你支持她之余，尽己所能，为她找来前辈的独家复习资料，会让她更加心安。

　　很多人在安慰的时候，总是在试图告诉对方"你应该做什么""你可以做什么"，却从来没想过"我能为你做什么"。总告诉人"多喝水"有什么用，"我给你倒杯水去"才体贴。"生病记得看医生"是假暖男，"我陪你去看医生"才是真心汉。"心情不好可以去逛街"是轻飘飘的建议，"要不我陪你去逛街？"才是真闺密。

　　当你告诉别人可以做什么、应该做什么的时候，其实正在把一切都推给他自己一个人承担，只有当你试图为对方做点什么的时候，你才是在真正地分担和支持。

　　只靠一厢情愿、一腔真诚，不一定能真正地安慰人，还需要一颗七窍玲珑的心。

什么样的道歉才是真诚的？

——会不会道歉，决定了关系的走向

什么样的道歉才是真诚的？

看到这个问题，很多人不以为然：道歉不就是一句对不起的事吗？难道这么简单的事，还需要技巧？

道歉可不是一件简单的事，没道好歉的后果会很严重。

高伟去北京工作，异地的女朋友坐七八个小时的火车来看他，这也是女朋友第一次来北京。他住的地方离车站有两个多小时的路程，原本准备第二天一大早去接驾，然后好好带女朋友逛逛。谁知他按掉闹钟想再眯五分钟，竟然睡死了过去。女朋友打了好几个电话，他才接到。一听他还没出发，到站的女朋友一气之下买了最快的一趟火车返程，任他打电话、发短信道歉都不回复。

包贝尔结婚闹出了柳岩的伴娘风波，把伴郎团推上了风口浪尖。包贝尔不堪压力出来道歉，谁知他越道歉网友越生气，大家觉得他没诚意，事情不但没平息，反而引来了更多的恶评。

小至一段关系的修复，中至明星危机公关，大至国家与国家的关系，会不会道歉，决定了关系的走向。

道歉经常不是一句对不起就能完事的，一个完整的道歉应该由五个部分组成。

01 表达歉意

道歉的第一步是表达歉意。如何表达歉意呢？"对不起，很抱歉"就完了吗？为什么常常表达了歉意却没有效果呢？

我们应该先弄清楚，真诚的歉意是什么样的。

真诚的歉意首先是对他人感受的同理心，他能认识到问题的严重性，能理解对方所有的情绪反应，他对别人内心的痛苦有同理心，他能意识到自己的行为对他人造成的伤害有多深，他对别人的感受甚至是感同身受的。

在对他人情感的认知上，道歉的忌讳之一就是对自己行为的后果以及可能造成的伤害轻描淡写。他们的口头禅是："我只是开个玩笑，没什么大不了的吧。""多大点事啊，至于吗？""不就是弄坏了你东西嘛，我赔给你不就完了。"这其实是对受害方所承受

196

的伤害没有同理心的表现，即使道歉也显得不真诚。

其次是自身歉意的表达，诚恳的歉意应该是因为我的行为让你失望、痛苦、不便，所以我觉得后悔、羞愧、歉疚。

关于歉意的表达，为什么德国的道歉是被认可的？其中一个重要事件是1970年德国总理勃兰特的"华沙之跪"。当时正在波兰访问的联邦德国总理勃兰特一行，前往华沙当年的犹太人隔离区。勃兰特在纪念碑前敬献花圈后，突然自发下跪并且为在纳粹德国侵略期间被杀害的死难者默哀。这一举动引起德国国内乃至世界各国的震惊，华沙之跪也成为战后德国与东欧诸国改善关系的重要里程碑。

在歉意表达上有三个忌讳：

第一，为了脱身而道歉，比如"我道歉还不行吗"。

第二，忌讳先道歉再指责他人，比如"对不起，我刚才说话大声了，但那是你无理取闹在先"。

第三，先道歉再找借口自我开脱。比如"对不起，我迟到了，可是我不是故意的，是因为路上堵车"。

这三种行为给人的感觉是：道歉的人并没有真的感到抱歉。后两种在道歉的语言背后，跟着"但是……"，这是在推卸责任。我们都知道"虽然"后面的内容是场面话，跟在"但是"后面的内容才是真心话，才是重点。

包贝尔的道歉为什么引发众怒？为什么大家普遍认为他的道歉不诚恳。

以下是道歉原文：

对不起，谢谢。

柳岩，对不起，看到你流泪，我心里特别难受，作为婚礼的主人，我今天必须为朋友出来解释一下这件事的真实情况。希望能让大家尤其是柳岩和所有伴郎不再受伤害。谢谢大家，在我和文婧心里，你们都是我们很珍视的朋友，你们能来做我们的伴郎伴娘，是我们的荣幸。

给伴郎团的所有兄弟说声对不住了！让大家一起受指责，这让我自责并且难过。抱歉兄弟们！谢谢你们的帮助！这场婚礼，是我梦想中的婚礼，是我一生一次的婚礼。那天，有你们在，我真的很知足！

对不起大家，婚礼的小片段引起了这么大风波，只是一个玩笑不知道会闹这么大，这么多公关大号、营销大号同时指责我，让我觉得我这个玩笑真的开得特别过分。婚礼的游戏设计原本要玩撕名牌，但是因为衣服被海关扣了，只能临时修改环节，变成双方对抗下水，伴郎赢了进门，伴娘赢了拿红包。这个主意是我出的，与他人无关……没有任何一个人想要伤害她们给她们难堪，更没有不尊重她们，甚至最后伴郎团都是自动跳下水玩闹，大家都很开心。可是这些内容传到网上后却被误读扩散，并被贴上恶俗陋习的标签，被攻击被谩骂！我也有姥姥，有妈妈，有爱我的老婆和女儿，她们就是我的家人！我尊重每一位女性，我与你们一样憎恶那些婚闹，憎恶那些伤风败俗的陋习，然而事态的发展都是我始料未及的，也是任何人都不愿意看到的。

最后，谢谢不远万里来参加我婚礼的所有人，谢谢所有人的关心和爱护！谢谢你们见证了我和包文婧人生中最重要最幸福的时刻！我接受所有的祝福，还有批评。

他几乎犯了表达歉意的所有错误，他的道歉几乎是道歉界的反例。

首先，对自己可能造成的伤害轻描淡写，道歉中始终认为伴郎团对待伴娘柳岩的行为只是一个玩笑而已，是同时被很多账号指责之后才觉得玩笑有点过分，他道歉时仍然没有意识到问题的严重性。

其次，先道歉又找借口自我开脱。他的借口是撕名牌游戏的衣服被海关扣了，所以临时改成对抗下水的游戏。这个借口是最具争议的，广州海关站出来打脸："道歉要真诚，到'让我觉得我这个玩笑真的开得特别过分'就好了。至于原本打算玩游戏，后来玩不成玩伴娘的解释，海关不背。"另外婚礼内部照片流出，正在进行撕名牌的游戏，衣服根本没被扣。他因为撒谎更受指责。

第三，先道歉后指责他人。他说没想伤害伴娘、没想给伴娘难堪、没不尊重伴娘，却被网络误读扩散、贴上恶俗陋习的标签，被攻击谩骂。原本就是针对公众的公开道歉，却在指责众网友，所以他越公关越危机。

02 承认过错

很多人可以很轻易地说出"对不起"三个字，但让他们说出"我错了"三个字却比登天还难。承认错误一直被认为是失败、丧失自尊、损害颜面的事，人都倾向于证明自己的行为是正当的。我们之所以认为先道歉再指责别人、先道歉再找借口推脱是歉意不足的表现，是因为两种行为是通过归咎于他人、推卸淡化责任的方式证明自己行为的正当性、合理性，以此否认自己的错误。

其实大可不必如此，没有人是完美的，凡人必犯错，成熟的人反而敢于承认自己的错误、敢于为自己的行为负责。不成熟的人才想尽办法狡辩，为自己的行为开脱，因为他们没办法对自己的行为负责。

承认错误需要谈及具体的行为。

很多男生认为，已经和女朋友说了"对不起，我错了"，对方还不依不饶地追问："你错在哪里？"是无理取闹、不可理喻。我觉得不可理喻的是这些男生才对，光囫囵地、模糊地说"对不起，我错了"是不够的，真正的承认错误要反省清楚哪件事做错了，为什么做错了。

03 弥补过失

小冒犯，口头道歉可能就够了，但如果造成实际的伤害、可见的损失，光有轻飘飘的言语是不够的，应该有态度有诚意地道歉，要落到实处。从受害方的角度看：你一句"对不起，我错了"何其轻松，可是我却在承担你错误行为带来的实实在在的后果，在承受你所带来的实实在在的伤害，你说几句话，一切就能一笔勾销？这未免也太不公平了。

真正的歉意体现在为给别人造成的痛苦、损失，做出赔偿的意愿。

为什么德国的道歉被认为是有诚意的？其中一个重要的原因：德国一直在为纳粹罪行赔偿。比如，德国向以色列前后赔偿了大约

700亿欧元，向大屠杀幸存者赔偿了约150亿欧元，而且将继续处理赔付。此外，德国政府还积极协调那些使用过战争劳役的德国公司向受害者进行赔偿。

生活中，造成损失的情境中，弥补损失是道歉最重要的环节。你把我的车剐花了，道歉认错是不够的，你要赔偿维修费；你的孩子把我孩子的脸烫伤了，你带着孩子来道歉赔礼送水果是不够的，你要赔偿医疗费以及伤疤修复费用。弥补损失才能让失衡的天平恢复平衡，弥补损失才是真正地对自己的行为负责。

而在亲密关系中，弥补过失其实是为了证明爱。在亲密关系中，犯错带来的最大伤害就是对爱的质疑，对方爱我吗？对方在乎我吗？对方真的把我放在心上了吗？如果真的爱我、在乎我，怎么会伤害我、背叛我呢？

道歉的重点、修复关系的关键，是证明爱，证明对关系的重视，证明对对方的在乎。弥补的措施可以是赠送礼物、承诺陪伴、服务行动，甚至是自我惩罚，主要看你肯付出什么、肯失去什么。

忘记女朋友生日，道歉、认错、补蛋糕、补礼物还不够，从来不洗碗的人答应洗一个月的碗就很有诚意。文章开头睡过头错过接女友时间的倒霉鬼，光打电话、发信息道歉是没用的，应该赶到火车站买最快一班车往同一个方向赶，女朋友坐七八个小时火车来看你，你也坐七八个小时火车去追她，然后在终点站面对面道歉赔礼。

成龙接受杨澜访谈时曾坦言，曾经好几个身边人被老婆搬空，所以结婚20年都对老婆保持戒心，把钱握得很紧，每个月只给林凤娇生活费。直到他出了私生女"小龙女"事件，出轨的事天下皆知，他才把家庭财权交给林凤娇，这其实是一种弥补，是在表决心。

道歉的过程中，一定要问，我能做点什么，才能弥补我造成的伤害？

04 真心悔改

最没诚意的道歉是什么？死不悔改。

不雅的玩笑让女同事不舒服，道过歉认过错，第二天又毫无顾忌地开荤腔；约会迟到，道过歉认过错，之后仍然是外甥打灯笼——照旧。

表达歉意、承认过错、弥补过失，要是撞上屡次不改，就付诸东流了。

真诚的道歉应该伴随行为改变。首先是口头上的坚定承诺：我下次再也不会这样了。这表明：我真的心怀歉意，真的认识到了错误，我不再为我的错误狡辩，我再也不想伤害你了。口头上的承诺是为了告知对方你的决心，但不能只停留在口头上，需要在今后的行动中彻底改变不当行为。

　　每次男朋友熊猫先生和我道歉，我都相信他很真诚，我也特别容易原谅他。因为只要他答应过不再犯的事情，就绝对不会再犯。这让我觉得自己处在互信的关系里，我的对象是一个言必信、行必果的君子。

　　亲密关系中，对于有前科的行为，我们是很难原谅的。

　　比如出轨，丈夫第一次出轨，痛哭流涕地道歉、认错，不仅交工资卡、奖金卡，还承担许多家务、每天接送孩子、按时回家，一副洗心革面的样子。正当妻子要原谅他的时候，却抓到他出差时又出轨了。

　　有诚意的道歉，应该真心悔改。

05 请求原谅

　　表达歉意、承认过错、弥补过失、真心悔改，看起来做得已经够多了，但真诚的道歉还剩一个环节：请求原谅。

　　很多人觉得自己说了"对不起"，理所当然就要得到一句"没关系"。他们似乎成了理直气壮的一方："我都道歉了，你还想怎么样？"

是啊，你已经表达过歉意，承认了过错，尽力弥补过失，也真心悔改了，为什么还得不到原谅呢？

因为道歉是你的事，原谅是对方的事。取得对方的原谅，道歉才算完成。

金庸的《神雕侠侣》里有一个救赎的故事，一灯大师带着弥留之际的弟子裘千仞找到瑛姑，当年杀害瑛姑襁褓之中幼子的大恶人裘千仞皈依佛门已杀意退尽，临终前最后一个愿望是希望瑛姑原谅他。眼看裘千仞就要断气，瑛姑却死不松口，我曾经不太理解瑛姑的铁石心肠。

现在才明白，原谅哪有那么轻松？道歉的人得到这两个字，可以如蒙大赦而去，可是对受害的人来说，原谅是有代价的，原谅意味着放下愤怒、屈辱、仇恨，放弃指责、追究、报复，独自承担对方行为带来的身体和心理的伤害。几十年了，报仇是支撑瑛姑活下去的信念，哪能说原谅就原谅。

但我也为裘千仞临死还要扛住一口气，请求瑛姑原谅的行为感动。请求对方原谅的态度是真诚道歉的一部分。因为不在乎对方是否原谅，有时候是一件特别残忍、特别伤人的事。

韩国电影《密阳》也是一个有关救赎的故事。单亲母亲申爱的幼子被绑架后残忍杀害，她痛不欲生。皈依宗教后，她似乎得到了救赎，她觉得自己能原谅那个杀害儿子的凶手了。为了让原谅有种仪式感，她要求一定当面赦免罪犯。然而当罪犯隔着玻璃非常平静地跟宣扬教义的申爱说，我也信上帝，他已经赦免了我的罪了。申爱的世界坍塌了，晕倒在地，反复质问身边人，为什么上帝在我之前赦免了他，凭什么？她开始了疯狂的报复。

请求对方的原谅意味着：你为自己的行为负疚，你在乎对方是否原谅你，你郑重地对待道歉这件事，如果对方不肯原谅，你愿意做更多的事情，直到得到原谅为止。

请求对方原谅还意味着：你把事情的控制权交给了对方，原不原谅你由对方说了算，你尊重对方的意愿。

不请求原谅的道歉，对结果无所谓的道歉，有时候听起来像没道过歉一样。

真诚的道歉不只是包括表达歉意、承认过错、弥补过失、真心悔改、请求原谅五个完整的环节。采取什么样的道歉方式，要根据不同的沟通情境来决定。

你学会道歉了吗？现在你还觉得道歉不需要技巧吗？

当别人抱怨时，是想告诉你什么？
——认识抱怨背后隐藏着的真相

没人喜欢爱抱怨的人，他们就像行走的负能量中心，人人避之唯恐不及。

我们都知道抱怨于事无补，可是抱怨就像口臭，当它从别人的嘴里说出来的时候，我们深恶痛绝，但从自己口中发出的时候，却浑然不觉。结果，明明是人人都厌弃的行为，却偏偏人人爱抱怨。

想戒掉抱怨，想在抱怨的人群中独善其身，想避免被卷进负能量中心，你应该先知道，当人们抱怨的时候，到底想告诉你什么？

01 抱怨的背后是未满足的需求

什么是抱怨呢？你对一个人说：好啦，你别抱怨啦。对方很可能回呛你一句：我没有抱怨，我只是在陈述事实！

是的，抱怨常常披着"陈述事实"的皮出现。但它们很好区分，心怀不满是抱怨，心平气和才是陈述；纠缠于现状是抱怨，反之则积极寻求解决问题的方法。抱怨解决不了任何问题，喋喋不休的抱怨只会徒耗抱怨者和倾听者的精力。

我也曾以为抱怨式的倾诉可以让自己好过一点，但最后却发现倾听者的响应、认可、声援，不仅无法让我平复，还让我的不满成倍地爆发。每一次尝试之后，我都会更加委屈，更加不满，更加不快，更加认为自己有理。

抱怨是所有不愉快关系的共同特征，它带来的最可怕的伤害是对关系的腐蚀。

关系中的一方或双方对关系产生不满，他们为了获得满意的结果，最常做的是抱怨遭遇而不是直接清晰地表达自己的意愿。

抱怨是在归咎，是在分配错误，可实际上抱怨常常不是因为被抱怨者真的做错了什么，而是因为抱怨者的需求和期待没有被满足。女朋友抱怨男朋友忘记了交往纪念日，不是因为男方错得无可救药——有很多情侣不过交往纪念日也照样相安无事——而是因为女朋友想收礼物、吃大餐庆祝纪念日的期待落空。比起抱怨和指责，更重要的是说出真正的需求和期待。

可惜爱抱怨的人，擅长说不想要什么，却不懂得说出想要什么。别人不是我们肚子里的蛔虫，并不总能准确地判断出我们真正的需求和期待是什么。

抱怨导致矛盾升级，常常是因为对人不对事的沟通习惯：把当下的事件扩大到批判对方的性格缺点，把偶尔的坏表现扩大到长期表现。比如丈夫不经常接孩子放学，就抱怨对方自私、没责任心；年年送礼物的朋友在某一年生日忘记准备礼物，就下结论说对方"一点都不珍惜我这个朋友"。

这种扩大式的否定评价，让对方感到被诋毁，他会进入防卫反击的状态，他要么激烈地为自己辩解，要么消极沉默以对，或者反唇相讥。这样的抱怨只会促使对方更加固守让你讨厌的行为，而非改变或弥补自己的做法。

那么有没有比抱怨更高级、更成熟的表达方式呢？

心理学家海穆·吉诺特提出了"XYZ法则"："当你做了X，我感到Y，我希望你能做Z。"

对人不对事的抱怨：你天天就知道玩手机，一点都不关心我。

XYZ法则：我和你说话的时候你心不在焉的，我感到自己被忽视了，我希望你能先放下手机认真听我说会儿话。

XYZ法则包括三部分：事实+感受+需求。这种表达方式坦率直接地表达需求，但冷静克制，就事论事，不上纲上线，可以有效避免毫无意义的相互攻击。

反过来，面对抱怨的时候怎么办呢？

既然我们明白抱怨的背后其实是未满足的需求和期待，成熟的沟通者就不会把别人的抱怨理解为攻击，急着跳出来辩解和反驳。他们知道抱怨表面上是在说"我讨厌你……"，其实是想说"我想要……"，所以他们会认真倾听对方的话语，找出抱怨的背后有什么未满足的需求和期待。

应对抱怨最糟糕的方式是反向抱怨，以抱怨反击抱怨，比如丈夫抱怨妻子："你半夜起来开门关门那么大动静，还让不让人睡觉？"妻子用抱怨反击："有你每天晚上打鼾动静大吗？"接下来就进入彼此数落抱怨的恶性循环当中。

这还不是最糟糕的，有些人和恋人的相处遇到问题却向朋友抱怨，和同事关系不好却向配偶抱怨，和某人有疙瘩，却向第三方抱怨，其实是为自己辩解，这不仅不能解决问题还制造新的问题，原本简单的两方问题很可能演变成复杂的三角问题。

健康的沟通应该是直接去找那个和你发生问题的人谈，通过正面沟通，来梳理分歧，消弭误会，解决问题。所以聪明人也不轻易担任调解人、仲裁方，即使是两个小朋友之间的冲突也不要轻易卷入，应该让他们学会自己的问题自己解决。

　　抱怨的背后是未满足的需求，那么，为什么抱怨者不直接说出自己的意愿呢？因为抱怨者害怕被拒绝、被攻击、被伤害。

　　比如爱抱怨的员工，对待遇不满，认为遭遇不公，认为公司没有足够成长机会，你既然这么不满意为什么不辞职，择良木而栖？要么是没有离开的勇气，要么是没有更好的选择。你既然那么有理，为什么不直接找老板谈，找能管事的谈？要么没有谈的勇气，要么没有谈的实力，搞不好被炒鱿鱼。既然如此，就应该把注意力放在个人能力养成上，尽可能从目前职业经历里面获得成长，等你羽翼丰满，岂不就可以帅气地坐在老板面前谈谈你的要求，谈得拢就谈，谈不拢你有一手好牌，也不怕。

　　尖刻的语言背后藏着虚弱的理由。对抱怨者来说，抱怨就像哭泣对婴儿的作用一样。婴儿饿了，尿布湿了，一哭就有人来满足他的需要。抱怨者感到不满、需求没有得到满足时，通过抱怨来传递自己的要求。

　　婴儿啼哭不止、抱怨者喋喋不休，都让人心烦。但啼哭是没有语言能力的婴儿无助时不得已的选择。抱怨者明明可以做点什么，却像弱小的婴儿一样，委实不该。

02 识别伪抱怨

很多时候，对环境和他人的不满只是表象。罗宾·柯瓦斯基博士在1996年的《心理学报》上发表的文章认为：很多抱怨反映的都不是人们对某个事物或某个人真实的态度，人们只不过是想借由抱怨引导出一定的人际反应。

换句话说，抱怨不是目的，抱怨是伪装，人们抱怨的时候，其实有丰富的潜台词，有更为隐蔽的动机。

伪抱怨主要有五个动机：寻求关注、推卸责任、自夸、获得操纵力、为欠佳的表现找借口。不过，人类的心理活动太过复杂，一个抱怨行为背后常常涵盖多重动机。

试图获得他人关注是抱怨的主要动机。很多人习惯用消极的陈述来展开一段对话。他们抱怨工作、健康、交通、天气、恋人、家人……总能找到东西来抱怨，这差不多是吸引别人关注的默认模式，但不管他们说什么，其实都不重要，因为他们想传递的真正信息是：嘿，看着我，和我说话，快来关注我。

人是害怕寂寞的群居动物，获得关注是人的一项基本需求。不论和你关系是深还是浅，相处的时间是长是短，人们都需要得到你的关注。当你把他们所渴望的需求给予他们，或许他们就不会再有那么多抱怨了。比如，爱抱怨的主妇可能是绝望的主妇，默默付出却备受忽视，她们理应得到更多的关怀。

人们之所以抱怨，可能的动机还有推卸责任。很多人抱怨现状，可是当你热心地给出一条条建议时，他却一次次地否定，最后你会发现他根本不想改变现状。他只是想让你作为证人帮他证明：情况糟糕透顶，但都是客观因素造成，不是他的错，他根本无力改变，最好全世界都知道这一点。

然后他们就顺利从拿出行动、改变现状的责任中脱身。抱怨当然比改变容易得多，有些人一个劲儿地埋怨另一半的缺点，把摩擦和不愉快全都归结为对方的问题，当你替他着急，绞尽脑汁地给他出主意，他马上就嗤之以鼻，告诉你，你的建议不会管用。他其实只是想把自己描述成受害者。

"悲观者埋怨风，乐观者静候风变，现实者调整风帆。"

每个人应该对自己的人生负责，如果不满意，就拿出有效行动去改变，把自己描述成受害者，无法成为胜利者，永远无法如愿生活。

自夸也是抱怨的原因之一。抱怨某个人的缺点，其实是在暗示我没有这样的缺点，所以我比他优秀。有人还把抱怨当成是一种显得自己更有鉴赏力的方法，比如抱怨其实尚可的餐厅难吃，比如抱怨大家较为认可的电视情节低幼。很多抱怨背后隐藏着充满优越感的夸耀和吹嘘。

　　消极地评价某个人、某个事物，是希望别人能够注意并欣赏他们的这种优越性，但往往他们内心更深层次的地方，隐藏着更深的自卑。

　　抱怨有时候是在为欠佳的表现找借口。抱怨者可能在工作开始前就抱怨一番，或表现欠佳时抱怨，倘若结果特别糟糕，就有理由辩解，不至于颜面尽失。比如，学生在考试前抱怨身体不适，如果考砸了岂不就顺理成章。

　　最后，抱怨还被当作操控别人的工具。

　　最极端的例子是希特勒。在《我的奋斗》中，希特勒称："所谓领导者的艺术——从各个时代那些真正伟大的领导者的事迹来看——就在于联合人民的注意力，并将其集中到一个共同的敌人身上。"他把德国"一战"后出现的问题都归咎到所谓的"劣等民族"，他宣称非雅利安人，尤其是犹太人，是一切问题的根源。他的联合人民的办法就是通过怒不可遏、辛辣刻薄的演讲来抱怨这个自己创造出来的国家敌人。

　　在同事、同学、朋友甚至家庭成员之间，人们也是通过抱怨同一个对象来取得共同立场，进而拉起共同对抗的小团体。他们用抱怨把你拉到他们的阵营，让你和他们站在一起，以便有需要的时候，获得你的支持，你成了他们赢过别人的力量。

　　比如，有人向同事抱怨，是希望这位同事与他联合，共同对抗管理层或者其他同事，把"我"与他们的较量变成"我们"与他们的较量。但抱怨者联盟是乌合之众，正如孔子所说："君子和而不同，小人同而不和。"

消灭敌人的第一步，是了解他；消灭抱怨的第一步，是读懂抱怨的潜台词。所以听到别人抱怨的时候，试着去找出这种行为的潜在动机，问问自己：抱怨者需要什么，想得到什么？

对于自己，抱怨是一种呼救信号，传递了内心的焦虑和需求，正视它，然后找到比抱怨更好的办法响应这种需求。而对于别人，了解了抱怨背后的心理机制，我们可以更清醒地对待别人的抱怨，不轻易响应、卷入别人的抱怨。

同时不把这种了解当成鄙夷的武器，而是多出一重理解和慈悲。他们不过是困在某个处境的可怜人，需要关注和认可。所以，当他喋喋不休向你抱怨的时候，不如真诚地问一句："你很痛苦，有没有什么是我能为你做的呢？"

所有人都期待和谐愉悦的生活，既然觉得抱怨的自己面目可憎，既然抱怨会惹人厌烦，会把我们困在消极互动里，会增加分歧和误解，产生间隙和隔阂，我们何不停止抱怨呢？

03 如何成为一个不抱怨的人？

为了帮助读者做到这一点，《不抱怨的世界》的作者发起一个"不抱怨运动"，目标是连续21天不抱怨。参与者佩戴随书附赠的一个特制的紫色手环，只要察觉自己抱怨，就将手环从一只手转移到另一只手，直到手环持续在一只手上戴满21天为止。按照"新的行为变成习惯需要21天"的理论，这说明养成了不抱怨的习惯。

据说运动声势浩大，送出去的手环有几百万只，我没有紫手环，就偷偷地把绑头发的橡皮筋戴在手上，不动声色地实践。

听起来很傻吗？好像有一点。但《韩非子·观行》有一句："西门豹之性急，故佩韦以缓己；董安于之心缓，故配弦以自急。"让我相当释怀。所谓修行就是修正自己的行为，古有西门豹佩韦、董安于佩弦来自戒，今有李某人佩橡皮筋戒抱怨，突然觉得自己行事颇有古风，有点小嘚瑟。

为什么佩韦佩弦、戴紫手环对修正行为有奇效？

因为所有能力的养成都分为四个阶段：无意识的无能、有意识的无能、有意识的有能、无意识的有能。

就像武侠小说里一个初闯江湖的小青年，学得三脚猫功夫以为天下无敌，这个时候是无意识的无能；等到实战失利，被打得屁滚尿流，就是有意识的无能；然后拜得名师埋头苦练或者掉到悬崖捡到秘籍，卷土重来，但囿于大功初成，所以还是有意识的有能；最后炉火纯青入了化境，无招胜有招，就是无意识的有能。

佩戴实物可以加速能力养成。佩戴手环之前没有意识到自己的抱怨；戴上手环进入高度自我监督的状态，发现果然抱怨像口臭，平时只闻到别人的，没想到自己嘴巴也臭得很，处于有意识的无能状态；而移动手环则把抱怨外化成看得见的动作，让佩戴者改变愿望更加强烈。

经过不断的调试，终于21天不抱怨，处于有意识的有能；时间长了，不抱怨成为常态，不需要集中精神去憋着，这就成了无意识的有能。从开始意识到自己说了什么，到改变说话的内容，最终改变思维。

听过很多道理不一定能过好人生，但我们至少从无意识的无能变成了有意识的无能。

不抱怨的修行刚刚开始，也许我们要付出巨大的艰辛来戒掉它，也许停止响应他人抱怨会被误解为不合群，但我绝不允许抱怨毁掉我的生活。

批评的艺术

——优秀的批评者长什么样？

批评是刺耳的。

提出批评和接受批评都不是容易的事。有时候我们是批评者，有时候我们是被批评者，问题难就难在，提出批评能让对方虚心接受并有效改善状况，接受批评时既捍卫正当立场又不激化矛盾。

那些情商高的人，是如何巧妙地处理这些棘手的事情呢？

01 批评的艺术

糟糕的批评者长什么样？我脑子里立刻就浮现出某一任女领导的样子。

她令人生厌到什么程度？同事们私下的聚会，最后都会变成针对她的吐槽会，即便是已经跳槽的同事凑一块儿，共同的话题仍然是她的迫害史；每次有人当面和她干架或公开咒骂，余者无不称快；因为她，我特别讨厌去办公室，哪天她要是请假了，整个人心情都要高八度；在她手底下干活痛苦压抑，离职率极高，她即使不是大家选择离职的全部原因，也是大家离职的重要原因之一。大家怕她、躲她、厌她、不服她。

从前我只会像小老鼠躲着恶猫一样地躲着她，现在学会把她当成一个观察对象，来反思她不得人心的原因。

有一回在前台找自己快递的时候，我偶然看到她买了许多关于带团队的书，所以我猜想她对当领导这件事并不像她表面上看起来那么得心应手。关于领导力，她误会了一件事，她把领导力理解成支配力和控制力，但真正的领导力不是支配力和控制力，而是说服大家向共同目标努力的能力，其中就包括以积极的方式指出下属的问题。她是个糟糕的领导，最主要的表现就是她是个糟糕的批评者。

她喜欢人身攻击，而不是针对某件具体的事发表看法。她一旦对一个人形成偏见就很难改变，只要在她这里犯过错，这个错就会被她当成把柄，每次指责都会翻出旧账以增加她的说服力。所以她总是不自觉地以偏概全，把人一棍子打死。

她的指责完全凭个人喜好，没有专业的、前后一致的判断标准。常常针对不同的人、不同的时间做出自相矛盾的决定；她双标，对待自己和他人两个标准，对待喜欢的人和不喜欢的人也两个标准。自己做不到的事情却要求别人做到，比如她自己经常迟到早退，可是别人晚到几分钟就会被她对照打卡时间揪辫子；同一件事情，她喜欢的嫡系下属犯错就轻描淡写，如果是不喜欢的人撞到枪口就大发雷霆。

她经常发脾气，特别是针对新人，但不是因为新人犯了更多的错，而是因为老人资历深、不好惹，新人道行浅、好拿捏。她欺软怕硬，同是新人，也有明显拣软柿子捏的倾向，性格软弱的新人更吃亏。

批评的时候，她不太尊重别人，总是言语刻薄，厌恶、挖苦和轻蔑；她不太顾及别人的面子，喜欢公开批评，她乐见一个人在她的批评下无地自容的样子。

她缺乏界限感，除了业务上的问题，她还喜欢对发型、衣着等方面指手画脚。

最让人反感的是，她的批评总是带着威胁："你爱干就干，不干就走人，公司不缺你一个。""你以为我没办法治你吗？我可以给你转岗降薪，调你去做接线员。"这种威胁被她滥用作为立威的手段，可是却只会让员工觉得自己没有价值、不被需要、不被尊重。这也体现出她落后的职场观，她喜欢批评90后不抗压，殊不知世界变化越来越快，现在几乎不存在什么铁饭碗，再加上职业选择多样化、工作变动自由，职员对一家公司的忠诚度、依赖性、容忍度已非一二十年前可比，过去能奏效的强硬手腕，今天只会起反作用。面对职场选择的时候，我们会越来越注重人际关系和工作氛围。

　　好的批评应该带来建设性的改善，但她的批评指责多，建设性的、可执行的建议少。她的批评只会激发他人的负面情绪，让人紧张、无助、不满、愤怒、抵触，感觉受到不公正的待遇，工作氛围也随之压抑、痛苦。我曾经亲眼看着一个笑容明媚、干劲十足的女生，在她的打击和威压之下，像玫瑰枯萎了一样，眼睛无神、面容憔悴、无精打采、怀疑人生，生怕被指责的恐惧让她战战兢兢，表现也一天不如一天。

　　她的批评也不总是一无是处，但一个人的批评一旦被认定为有失公允，通常只会引起对方的自我辩护、寻找借口、逃避责任，他们会选择消极应对，比如尽可能地避免与批评者接触。恶性循环下去，要么主动辞职，要么被解雇。

　　这样的批评不仅见于糟糕的领导者，也常见于专制的父母以及蛮横的伴侣。

　　健康的关系取决于指出不满的方式，好的批评应该是什么样的呢?

批评之前应该先想清楚为什么批评。

一味地把错误归咎到别人的身上，批评就会变成言辞尖锐的指责。批评表面上看是因为被批评者做错了什么，可是换个角度看，批评常常不是因为被批评者真的做错了什么，而是因为批评者的需求和期待没有被满足。

比如，妈妈批评孩子的房间乱，是因为"房间乱"是错误吗？不喜欢房间秩序井然的成年人大有人在，愿意孩子怎么舒服怎么来的父母也一大把，当这个妈妈批评孩子房间乱的时候，其实不是孩子犯了什么不可原谅的错误，不过是孩子在整理房间这件事情上没有达到她的要求和期待罢了。

重新定义批评，你会发现比起发出指责和提出不满，更重要的是说出真正的需求和期待。

1）好的批评首先应该是具体的。

批评原则上对事不对人，一要指出关键，存在缺陷、需要改变的关键问题是什么？为什么这个问题显得这么重要？二要关注细节，明确哪些地方做得好，哪些地方不尽人意。含糊、笼统地说"你错了"让人困惑，旁敲侧击、拐弯抹角只会让沟通成本不断上升，不如直接指出问题是什么、具体错在什么地方以及你的基本态度。

在职场上，上司给下属提交的方案判死刑之前，不能只有一句"不行，重做"，应该说清楚到底哪里不满足要求；在恋爱中，女朋友与其笼统地指责男友"你不爱我"，不如说"你情人节没有给我准备礼物，我觉得你不够爱我"；父母关门骂孩子没礼貌、丢人现眼，不如直接告诉他以后见到长辈要打招呼。

2）好的批评应该提供解决方案。

批评应该着眼未来，一直纠结于已经发生的、无法改变的事实是毫无意义的，批评应该鼓励成长和改善现状，应该把重点放在下一步应该怎么做。

批评的目的不应该是指责，为了指责而指责的批评不过是批评者的情绪宣泄。有意义的批评应该是有用的反馈，应该帮助被批评者注意到此前没注意到的不足、了解到此前没意识到的可能性和更佳的解决方案。建设性的批评是在鼓励成长、鼓励改善，所以仅仅指明问题是不够的，还应当给出可操作的、用于改正或改进的方法。

3）好的批评应该分享愿景。

提出解决方案还是不够的，好的批评应该描述一个愿景、一个可实现的目标。应该具体告诉对方，做到什么程度才能满足你的要求和期待。

4）好的批评应该给对方回应和澄清的机会。

批评之所以发生，是因为每个人都有自己的局限性，无论是因为认知不足、不良习惯，还是能力、经验、自我管理有所欠缺。当批评者看到别人的局限性时，也要想到自己也可能存在认知盲区和局限。

批评不应该是盖棺论定，就算是刑事审判，嫌疑犯都有申辩的权利，批评者也应该给对方回应和澄清的机会。这个道理很简单，但养成这样的习惯却不容易。

5）好的批评应该替对方保留颜面。

批评不是单向的意志强加，而是双向的沟通，所以，有效的批评不能不顾及对方的感受。

"三明治批评法"是很实用的方法：先以称赞开头，然后提及批评的事项，再提出一些值得肯定的事情，这样批评被两段夸奖包裹着，也就容易被接受。不用担心批评被忽略，想想你收到的微博或朋友圈评论，夸赞的话你可能不会太放在心上，但批评的言语你一定会耿耿于怀。相比肯定的言辞，批评对我们来说就像吃饭时咬到的那粒沙子。

02 能平和地接受批评，是成熟的标志

批评是逆耳的，即使批评的话是正确的，我们也很难保持理

性，更不要说面对那些明显有失公允的批评。

不过，我们没必要一听到批评就情绪激动，能平和地接受批评，是成熟的标志。

听到批评最难过的是情绪这一关，很多人习惯把批评当成攻击和冒犯，所以一听到批评就条件反射地辩解和反击。其实批评并不总是坏事，不要轻易地采取敌对立场，它可以是我们了解他人真实想法甚至脾气秉性的契机，可以是我们获得成长建议、成为更好的自己的途径，还可以是我们与批评者合作、共同解决问题的机会。

所以，辩解和反击之前，还有更重要的事情要做。

1）冲动反驳之前先了解。

被批评常常不是因为我们真的做错了什么，而是因为我们没有满足批评者的需求和期待。听到批评最重要的任务是弄清楚批评者的需求和期待到底是什么。

情商低的人，被批评的第一时间容易情绪上脑，反应激烈地否认、质问和反击。而情商高的人，则冷静地询问详情，了解细节。

特别是面对抽象攻击的时候，情商高低的区别就更明显了。当听到别人批评："你太自私了。"低情商的人会觉得是不公正的指控，进而暴怒："我怎么自私了""你凭什么说我自私""你才自私"。

情商高的人会控制住自己辩护和反驳的冲动，以真诚平和的态度，通过询问详情、合理推测以及重述、验证对方想法等倾听技巧来了解更多细节：对方为什么下这样的结论？具体发生了什么事情？我的行为是否带来了让人不悦的后果？对方为什么这么生气？对方的需要和期待是什么？中间是否存在信息不对称造成的误解？

反驳之前先了解为什么不容易做到。因为许多人把不预设立场的倾听与让步示弱、放弃立场混为一谈了。尝试倾听、理解别人那些具有敌意的言论并不代表同意它们，而是在我说什么之前，保证我已经充分地完整地理解你说了什么。

反驳之前先了解，我们不会损失任何东西。当持有批评态度的人发现自己的言论被认真对待，他们通常会减弱强硬态度，倾听的作用之一是调节他人的情绪；充分了解详情，你才能判断你所听到的话有中肯、令人信服之处，还是无根据的指责，进而决定自己的态度；如果存在误解，充分了解详情才能帮助我们抓住要点更好地解释和澄清。还需要注意的是，批评者常常故布迷阵，把真正的不满之处藏在含混不清的言语中。

2）冲动反驳之前先肯定。

我几乎能看到读者的"问号脸"：冲动反驳之前先肯定？太搞笑了，如果我完全不同意对方的批评呢，对方的批评一点道理都没有呢，我也要虚伪地肯定？

这就是我以前的想法，可是后来我发现冲动反驳之前先肯定，同样不等于放弃立场。关于沟通，我最大的发现莫过于：沟通中找到共识，不等于放弃立场。相反，共识作用巨大，即便是小小的共识，也可以大大缓和沟通中的敌对感。可是共识却被忽略了，人们把注意力聚焦在分歧，其结果就像聚光灯打在舞台的某个部分，舞台的其他部分就仿佛消失了一样，人们以为分歧就是对话的全部。

面对批评，我们可以同意事实。批评中有争议的通常是附加评价，相反事实性的陈述因容易证实和证伪，最不容易有争议。迟到了、忘记伴侣生日了、工作出差错了、说了不恰当的话了等，在辩护和反驳之前，记得先肯定这些事实，一句简单的"你说得对，我确实……"常常可以熄灭对方一半的怒火。

面对批评，我们可以肯定对方的感受。感受这种东西是没有对错的，你不同意对方的观点，但可以理解对方的感受，这不是基于逻辑判断，而是基于同理心，是从对方的角度看待问题。

曾经遇到一个80后的创业者，他对90后有很深的误解和成见，开口就对我说："你们90后抗压能力不行，在我这里没撑过半年的，竟然有个小孩让父母陪着来面试。"这个时候和他杠起来，如"你不能以偏概全，不一定都是这样的"，一点意义都没有。但你可以说："我可以理解你为什么会这么想。"

冲动反驳之前先了解，再根据了解的情况选择性地肯定。如果你仔细观察过那些最有涵养的人，你会发现这是他们共同的习惯。

Chapter 04

第四章

无效社交的典型表现

到底还要吃多少亏，你才能学会交浅不言深

——如何判断该不该向别人吐露心声？

"交浅言深"这个成语出自《后汉书·崔骃传》，原句是："骃闻，交浅而言深者，愚也。"意思是说，与交情浅的人深谈，是愚蠢。大文豪苏东坡上书给皇帝，也说："交浅言深，君子所戒。"

可能是前车之鉴太多，"交浅言深"成了人际交往的忌讳，被过来人不断地告诫给后来者。

但我习惯想得更深一点：都说切莫交浅言深，但我们怎么判定关系亲疏？怎么判断言谈深浅？两者之间到底什么关系？人们为什么要交浅言深？我们又为什么不能交浅言深？

01 我们如何判断"交浅"和"言深"？

这次话题的关键词是"交浅言深"，我发现，虽只短短四个字，却谈及了人际交往的本质。

先说"交浅"。

人与人的关系的发展，无非从陌生到亲密、从亲密到疏远、从疏远到关系终结几种变化。社会渗透是专门研究这个发展过程的社会心理学理论。它认为，关系发展的过程是由较窄范围的表层交往向较广范围的密切交往过渡，呈渗透式的发展。交情深浅就看发展到了什么阶段。

"交浅"就是指两人尚在较窄范围内，进行表层交往。

再说"言深"。

你必须熟悉一个概念：自我表露。它指的是，有意透露与自己相关的信息的过程，且这些信息通常是重要的、不为人所知的。言谈深浅其实就是自我表露的程度。

我们可以从广度和深度两个维度，来衡量自我表露的程度。

广度，指自愿提供信息的广度，即所讨论话题的范围。比如，你和同事从只讨论工作相关的话题，到开始谈论工作之外的个人生活。

深度，指的是自愿提供信息的深度。谈得深不深，一看信息的隐私程度，比如女生之间除了谈论学业，开始讨论心仪的学长。二看对另一个人来说是否有特殊意义。"我爱你"就比"我爱我的家人"表露更深，"我爱你，我想马上娶你"又比单一的"我爱你"更深一层。

"言深"就是指交流的话题跨度大、彼此坦露程度深。

那么关系亲疏和自我表露程度之间到底是什么关系呢？

我们评价关系亲密与否的一个方法是依据我们和对方分享了多少信息来确定。根据分享信息的深度和广度，一段关系可以界定为随意的或者亲密的。

在一段随意的关系中，你们谈论的话题范围也许很广却无法深入，即使你们的话题范围，可以从国际政治谈到娱乐八卦，从娱乐八卦谈到股票行情，从股票行情谈到钓鱼去处，从钓鱼去处谈到某个共同朋友新买的房子，你们仍然只能算熟人。有时候你感觉某些人难以接近，关键也在这里。

在一段较为亲密的关系中，你们可以在一个领域进行深入的探讨。你的工作伙伴可能对你的感情史一无所知，但他熟悉你的教育背景、专业素养、工作能力、行事风格，你们可以自如地谈论对行业的见解、未来计划、人生追求和职业抱负。这就属于较为亲密的关系。

而在最亲密的关系中，你们互相表露的内容不仅有深度，也有广度。比如伉俪情深的夫妻，他们几乎没有什么是不能交谈的。

说白了，浅关系浅交流，深关系深交流。不同的话题广度和表露深度，体现了你和圈子里每个人的亲疏远近。

02 交浅言深的是一群想走捷径的人

我们可以从陌生人变成终生的挚友，也可以从陌生人变成厮守的夫妻。这到底是怎么发生的？

社会渗透理论认为，自我表露带来互相了解，是关系发展的核心。我们正是通过互相的自我表露，让关系从表层交往到达密切交往。

但是在正常情况下，在交往初期，也就是交情尚浅的时候，交往的人在透露自己的信息和询问他人的信息时是审慎、节制、渐进的。

此时交往还在摸索和试探期，人们倾向于以近似程度，透露自己的信息。当建立起良好的关系，也就是交情达到一定程度后，卸下心防，这种严格的交换才会消失。

想象一下相亲的情景，初识的两人交换完姓名、职业等基本信息，明智的做法是从无害的天气、星座、电影谈起。他们对与自己相关的重要信息，互相透露的时候慎之又慎，一般是你问一点，我答一点，你回答我多少，我回答你多少。

自我表露带来互相了解，两个人的关系变近，随着交情变深又带来进一步的自我表露。关系从不亲密到亲密就是这样发展的。

回想你自己的恋爱过程。刚开始他只告诉你他的职业，后来他开始诉说工作上的不顺心、对职业前景的忧虑以及他对未来的期许；刚开始他只告诉你他的家乡，后来开始谈及他和家人的关系，讲述成长的创伤。

你越来越了解他，这种了解让你感到很安心，觉得有必要去配合对方的坦诚程度。所以你也相应地说起和闺密翻脸的烦心事，说起不知该考研还是工作的纠结。这情形就像你刚开始总精心打扮去见他，后来却不介意素面朝天，因为真正的你们渐渐地完全地展现在对方面前，你们的牵绊也越来越深。

从某种意义上讲，正是这种渗透式的自我表露，使人们避免了由于表露太快而引起的不适。

但"交浅言深"的是一群想走捷径的人。

人为什么会选择"交浅言深"呢？背后的心理动机归结起来其实就是三个字：套近乎。

既然自我表露可以促进关系发展，越深层次的自我表露带来越密切的关系，那我索性在交浅时就言深。

这种策略奏效吗？当然奏效！这几乎是每个人与他人建立关系的本能。连小孩都明白，交换过小秘密的小朋友会和自己更亲近，和其他普通同学不一样。

03 交浅到底为什么不能言深？

既然如此，交浅为什么不能言深呢？因为这种策略虽然能奏效，却要承担巨大风险。

首先，你无法控制隐私暴露的风险。

很多人对"与人交往，切莫交浅言深"这句话趋之若鹜，是因为曾经被人背叛。比如，和某人说了自己的隐私和秘密，转头就众所周知；和某人说了第三人的坏话，结果被告知当事人。付出了惨痛的代价后，痛心疾首地得出"交浅言深"是社交雷区、交往忌讳、低情商的结论。

不过，我觉得这些情形，并不完全是交浅言深造成的。我觉得，把不愿意被人知道的隐私和秘密，告诉无法替你守口如瓶的人，是识人不明，问题在于对方可不可靠，和交情深浅没有关系。

向其他人说了第三人的坏话被转告当事人，不仅识人不明，自己也人品卑劣。君子坦荡荡，不轻易评判他人，何况评判不在场的第三人？判语一出，就要敢作敢当。在其他人面前说的话，也敢在本人面前原封不动地说一遍，行事才算磊落。

我在《什么样的人是沟通高手》一文中说：话说出口之前，你是它的主人；说出口之后，就是它的奴隶。隐私一旦暴露就有风险，你管不住别人的嘴，就管好自己的嘴。

其次，理不清关系，方寸感差，是社交毒药。

舒服的沟通，前提是理清楚关系和身份。

当今中国人的关系无非几种：血缘（至亲、近亲、远亲）、地缘（如各地商会）、学缘（室友、同班、同年级、同社团）、工作关系（上下级、平级）。亲疏远近有别，每个人理清自己与别人的关系，掂量清楚自己的位置，就知道该说什么话。

自我表露是双方的，交浅言深就分为说自己和问他人两种情况。

说话口无遮拦就成了不合时宜。曾有一个女同事，竟然和我说起和男朋友的床事细节，我感到极度尴尬，只好委婉地提醒她有些可以和男朋友说的话不可以告诉闺密，有些适合和女生朋友分享的私房话不适合告诉男友。

问得交浅言深，就成了越界的刺探。中国式长辈，俗称三姑六婆，就是典型的理不清关系。明明是几年不碰面的极其生疏的远方亲戚，非要自以为热络地盘问你每个月赚多少，对象家境怎么样，什么时候结婚，房子买哪里。句句引人不适却浑然不知，还留一句"你小时候，我还抱过你呢"才走。

不止三姑六婆，不在少数的人，你明明和他特别不熟，他偏偏不依不饶地探听隐私。但说到底社交就是你来我往，一厢情愿是无效的。

他们什么时候才能明白，与人交往，贵在分寸。

最后，因为信息不对称，容易触碰雷区。

交情浅的时候，最大的特点就是彼此不够了解，信息是严重不对称的，交浅言深容易碰到雷区。

公认会说话的蔡康永建议，两方面的话题不要触碰：

第一，对方有苦衷的、不方便对不熟的人说的。比方说：财务状况、生什么病、感情状况、小孩的成绩等等。

第二，对方有强硬立场的，谈起来容易起争执的。比方说支持哪支球队、讨厌哪个明星、信哪个宗教、是否素食、支不支持吃狗肉等。

与人交往，我一直主张主动真诚，但有些东西，等交情深了再讲，真的不迟。

到底还要吃多少亏，你才能学会交浅不言深呢？

为什么你始终要在言语上胜过别人？
——永远不要忘记沟通真正的目的

毫无疑问，始终要在言语上胜过别人，是我见过情商最低的行为。

和这样的人相处有多累，可以看看王蒙写的一篇叫《雄辩症》的小说。

这是个患了"雄辩症"的病人看医生的小故事。医生礼貌地对病人说：请坐。病人却不乐意了：为什么要坐？难道你要剥夺我不坐的权利吗？

一下子就聊不下去了……医生决定换个人畜无害的话题缓和气氛：今天天气不错。结果病人还是不买账地说：纯粹胡说八道！你这里天气不错，并不等于全世界在今天都是好天气。例如北极，今天天气就很坏，刮着大风，漫漫长夜，冰山正在撞击……

医生解释：我说的今天天气不错，一般是指本地，不是全球嘛。大家也都是这么理解的嘛！结果病人反驳：大家都理解的难道就一定是正确的吗？大家认为对的就一定是对的吗？

看病重要的环节是问诊，他始终采取不合作的、对抗的态度，医生根本没办法给他看病。他语语反驳、句句雄辩，却忘了此行真正重要的目的。

当一个人始终要在言语上胜过别人的时候，他说话的目的就不再是沟通，而是战胜别人。

01 "雄辩症"患者是自绝于他人

我曾经也是个"雄辩症"患者，花了很长时间才克服"语欲胜人"的毛病。

刚上大学的时候，我被同学拉着去报名了院辩论队的选拔，本来兴趣寥寥，可是看了几场经典的国际大专辩论赛视频，就迷上了那种唇枪舌剑、纵横捭阖的感觉。

结果几场选拔赛下来，我不但没入选，还染上了"辩论赛后遗症"。我不再参加辩论赛了，可是生活里所有的问题好像都成了我的辩题，只要被我揪住，我一定要辩出个是非对错。我条件反射式地质疑、寻找漏洞、反驳，我攻击、诡辩，总想压别人一头。我仗着小聪明和口齿伶俐，总是不依不饶、咄咄逼人，就像一只好斗的公鸡，一定要把对方逼到墙角才肯罢休。

小到Angelababy有没有整容，大到中国该不该废除死刑，我的雄辩症可以把一次闲聊变成不欢而散的争吵。没有人喜欢被质疑和反驳，没有人喜欢被逼着认输，结果可想而知，那段时间是我长这么大人缘最差的时候。

可是我根本没发现自己有多讨厌。

直到有一天我看到英国哲学家洛克在《教育片论》中的一段话：

"真正的说理用途和目的在于获得关于事物的正确观念，对事物做出正确判断，区分出真与假，是与非，并依此行动。那么，切不可让您的儿子在争辩的技术和形式中长大……不可让他羡慕别人争辩。除非您真不想他成为一个能干的人，而是成为一名无足轻重的口角者，在与人争辩中固执己见，以驳倒他人为荣，更有甚者，就是怀疑一切，认为在争辩中不可能找到真理之类的东西，找到的只能是胜利。"

我开始反思辩论的真正意义。辩论赛的机制决定了每个人捍卫的是既定的立场，所有的一切都是为了支持己方论点服务。它的规则要求，辩手们始终要在言语上胜过对手。辩论赛作为一种表演是精彩的，但比赛习惯变成一种思维习惯就糟糕了。

萧伯纳曾经说过："如果你有一个苹果，我有一个苹果，彼此交换，我们每个人仍然只有一个苹果；如果你有一种思想，我有一种思想，彼此交换，我们每个人就有了两种思想，甚至多于两种思想。"

什么叫交流？是双向沟通，是思想互通有无。可是当一个人只想证明自己正确的时候，你有一个思想，我有一个思想，彼此交换，也仍然只有一种思想。

我错就错在，把辩论的习惯拿到平时的讨论交流中，拿到日常人际交往当中。身边的人不但不觉得我厉害，还觉得我自以为是、偏执狭隘，不但不佩服我，还孤立我、远离我。对我来说，始终在言语上胜过别人，除了满足一点虚荣心，获得一点虚妄的成就感，还有什么意义呢？

我们应该为了真正的知识而讨论，而不应该为了压倒他人而讨论。真正的思想交流者应该是谦逊的，他们积极寻找共识、乐于承认不足，对他们来说，驳倒他人不是最重要的，获得一种更清晰的认知才是更有价值的。

后来，我接触了一个辩论队的人，她随时随地辩论的习惯让我感到窒息，言语间掩饰不住的攻击性，比我这个落选队员更甚。虽然能说会道，口齿伶俐，却是个让人望而生畏的"灭绝师太"。就算她是交谈的常胜将军，我也觉得她是个糟糕的沟通者。

好的沟通者是什么样的呢？他们像埃克哈特·托利在《当下的力量》中说的："可以清晰并坚定地说出自己的想法，但是不用攻击和防卫。"

02 语欲胜人是关系杀手

始终要在言语上胜过别人，不仅妨碍真正的思想交流，更是职场和亲密关系的杀手。

在《蔡康永的说话之道》中，蔡康永说了一个职场故事。一个一流大学毕业的高才生，满腹经纶、辩才纵横，每次部门开会，上司问到他的意见，他都侃侃而谈，很有想法，上司们很欣赏。

可惜大家都不喜欢他，需要协调事情的时候，别的部门的人很少愿意配合他，同部门的人也不太愿意陪他冲锋陷阵。

他其实很优秀，但问题是，他喜欢在智商、口才、能力上碾压别人。当他和别人意见不同的时候，老是把对方讲到哑口无言。口头上吃过他亏的人，都盼着他出洋相。

在亲密关系中，就更没有胜利者了。

两个人恋爱、同居、结婚，可以吵架的地方太多了，小到挤牙膏应该从中间挤还是尾端挤、今晚谁洗碗、可不可以查看对方的手机，大到工资怎么花、婆媳怎么相处、孩子怎么教育，都可能产生分歧和矛盾。

如果双方不是建设性地协商问题，而非要争个谁对谁错，随便一件小事都可能在家里掀起腥风血雨。

兰兰是我的闺密，每次和男朋友吵架，她都要逼到对方低头认错为止。对她来说，道理上到底谁对谁错并不重要，她要的是态度。对她来说，每一次吵架都是一场"你到底爱不爱我"的测试，如果男朋友够爱她，就会顺着她，让着她，哄着她。如果男朋友不肯退让，她就用情绪操控，生气发脾气不行就哭闹，哭闹不行就冷战，直到对方认错道歉为止。可偏偏她男朋友是个认死理的，喜欢和兰兰就事论事讲道理，一定要说出个是非对错来。

这样的两个人凑在一起，鸡毛蒜皮的小事也能大动干戈。吵架的结局经常是：

男方："好好好，全都是我的错，行了吧。"

女方："什么叫'行了吧'，你这是什么态度？"

男方："我都认错了，你还想怎样？有完没完？"

女方："你竟然敢吼我，你再吼一次试试。"

最终两个人以分手告终，因为谁也不肯退让，每一次吵架都是对他们感情的消耗，在一起的日子给对方制造的痛苦比幸福还多。其实在亲密关系里，总想着战胜对方，吵赢对方，证明自己正确对方理亏，只会换来双输局面。

我倒不是说，女生不可以有情绪，有时候发发脾气，使使小性子也挺可爱的，太理性的爱情反而会变成一潭死水。但真的不要总是那么强势，强迫别人接受你的观点，只会换来表面的屈服。我特别认可"撒娇的女人最好命""撒娇的男人最好命"的说法，他们有一种柔软的说服力。

我也不是说，男生不可以和女朋友讲道理，但人既有理性的一面，也有感性的一面，我们的沟通终究是没办法撇开情绪的，有效沟通必须先处理好他人的情绪。我的熊猫先生就特别懂得这个道理，他在我情绪激烈的时候，总是认错飞快，态度诚恳，按他的说法只要让我不快乐都是他的过错。等我情绪平复，能理性沟通之后，他才会缓缓地说明自己的想法和意图。但他的目的从来不是为了让我认错，而是为了得到我的理解。在这种情况下，我反而常常主动反省自己的无理取闹。

没有人喜欢被质疑、被反对、被攻击、被逼着认错。在不伤害大原则的情况下，把无谓的胜利让给对方又如何呢？懂得在恰当的时候认输，也是一种智慧。

始终要在言语上胜过对方，会制造一种双方对抗的沟通氛围。沟通的目的是建设性地解决冲突，可是当两个人处于对抗状态的时候，沟通就成了破坏性的了。

假设一个情境，双职工家庭，吃完饭夫妻俩谁也不想洗碗。

能建设性解决冲突的夫妻，会先找共识，即两个人都认可丈夫和妻子都要承担家务；再商量出双方都可以接受的方案，明确义务：比如负责做饭的就不用洗碗，负责洗碗的就不用做饭，或者单日妻子洗碗，双日丈夫洗碗。

但如果双方的目标是战胜对方，就会不遗余力地证明对方更应该洗碗。先比惨，比谁最近更辛苦；再比功劳，比谁为家庭付出得更多；接着揭短，翻旧账把不满的事情一件一件地列举出来；最后升级为人身攻击，给对方贴上自私、懒惰、不贤惠、不体贴、没有家庭责任感等标签。

可是这样做有什么意义呢？比惨、比功劳、揭短、人身攻击都特别伤感情，可是互相伤害了一通，他们也没决定好洗碗问题。即使当天有一方妥协得以暂时止戈，今后的生活中，洗碗问题仍然随时会变成矛盾的导火索。

不要让战胜对方的欲望，毁掉感情。

03 永远不要忘记沟通真正的目的

为什么我们总是忍不住要在言语上胜过他人呢？这是我们的天

性，我们天性喜欢胜过别人，相比落于下风，我们更喜欢在各方面占上风；我们天性喜欢别人认同自己，当有人反对或质疑，我们会不由自主地维护自己，用自己的声音压过反对和质疑的声音。

可是胜过他人的欲望却在谈话中把我们拉得越来越远，它让我们遗忘了沟通真正的目的，遗忘了对我们真正重要的东西。

我们应该为了真正的知识而交流，为了解决问题而讨论，为了维护重要的关系而沟通。

始终要在言语上胜过他人，是我见过的情商最低的行为。如果你碰到这样一个人，在不伤害原则的情况下，不妨把无谓的胜利让给对方。懂得在恰当的时候认输，也是一种智慧。

为什么我不再群发拜年短信了？
——无差别对待，是人际关系的大忌

最典型的无效社交行为是群发节日祝福短信。一年365天，不论传统节日还是洋节日，是放假的大节日还是不放假的小节日，都能看到群发祝福短信，到了春节前后，更是泛滥成灾。

不出意外，每个人都会被拜年短信大面积轰炸，当然也可能是轰炸别人的。从短信时代到微信时代，流水的平台，铁打的群发拜年短信。这几乎成了通信普及时代中国人的新年俗。裹挟祝福、善意而来的群发短信，我无法拒绝也不能抱怨。可是很久之前，我就不再群发拜年和节日祝福短信了。

01 群发短信是无效社交

我也曾经不免俗地群发过拜年短信，还煞费苦心地综合了好几个拜年短信版本里的吉利话，编完之后甚至通读数遍，力求用词讲究、文句通顺，显得才高八斗、文采飞扬。

印象更深的是被不会使用群发功能的叔叔指派，替他给通讯录里的所有人改写、编辑和群发一个短信，要求有两个：要强调恭喜人家发财；后缀换成他的名字。

后来随着年岁增长，认识的人越来越多，每年收到的群发拜年短信也水涨船高地多了起来。复制粘贴的就不用说了，自己编辑的也大同小异，偶遇稍有人情味的，也因为群发性质，效果大打折扣。

人们对此反感之意日甚一日，2014年春晚，歌手郝云甚至专门创作并演唱了一首《群发的我不回》：

原来你这是群发的信息，

你竟然还忘了修改后缀。

我顿时觉得过年索然无味，

就好像喝了一碗温白开水。

有一年除夕夜，烟花爆竹此起彼伏地响，祝福短信接二连三地来，我拿起手机准备群发一条，突然觉得自己十分滑稽。

248

　　明明知道群发的拜年短信，就算写满文采飞扬的吉利话，也一点温度都没有；明明收到毫无诚意的群发内容自己的内心也是拒绝反感的，为什么还要跟着大家走形式呢？

　　群发的拜年短信，本质就是国王的新衣，是成年人之间假惺惺的游戏，大家你来我往一起营造一个真诚以待、互相惦念的假象。

　　群发拜年短信是为了什么呢？无非是想通过送达祝福，来维系或增进关系。但群发拜年短信早就失去了这个功能，甚至开始有反作用。真的，不熟的人就算了，关系亲近的朋友如果扔一条冷冰冰的群发短信给我，我会生气难过好久。所以群发短信早已背离初衷，已经没有任何意义了。

　　人们看不到这一点吗？我看未必。可是为什么还要继续这么做呢？也许是"人脉"二字在作祟。

　　群发短信如此泛滥并非偶然，中国是一个关系社会，走关系走关系，走了才有关系。中国人听到"人脉"两个字眼睛是会放光的，所有人都以维系一个庞大的朋友圈为荣，但每个人的精力都是有限的。所以就采用了群发的方式来维护关系，却不知这种不分对象、无差别的方式，其实是无效社交。

　　《别独自用餐》的作者需要维护一个数千人规模的朋友圈。为了显示诚意，每年圣诞节，他会给每个人邮寄一张手写的节日贺卡，他自己忙不过来，就雇了几个人帮忙。这种方式比群发短信用心多了，对吧？直到三年之后，有个朋友调侃，他才意识到自己犯了致命的错误：这位朋友发现自己连续三年收到来自同一个人三张笔迹完全不同的贺卡。作者遭遇了和某些人群发短信忘记修改后缀名字一样的尴尬。

走量不走心的社交，是无效社交。

02 学会对关系断舍离

也许我们应该学会对关系断舍离。

断舍离的观念因为一本日本畅销书风靡全球，一般是用于生活空间的管理，但其实这个观念也可以推及关系管理。管理空间时，我们可以把多余的东西请出我们的房间；管理关系时，我们可以把一些人请出我们的生命。

学会对关系断舍离，就是不再迎合所有人，不再试图让所有人满意，不再对每段关系都紧抓不放手。

学会对关系断舍离，就是放弃那些我们心里不喜欢的人，随缘地对待生命中可有可无的人，然后郑重地对待那些重要的人，那些你真正在意、真正心动的人。

亲疏有别，主次分明，维系一个简洁的关系圈子，可能我们就不会这么累了。

说回群发拜年短信，重要的朋友就约出来叙叙旧，重要的亲人就互相走动，重要的领导客户就登门拜访，再不济打个一对一的电话，聊聊天。

当你心里开始重视这件事，你自然能找到最合适的方式。

03 最真的感情是互相驯服的

为什么群发短信会让人觉得不真诚呢？因为最真挚的感情，我们对彼此都是特别的。

《小王子》我读过多遍，这本小小的书，对人，对人与人之间的关系，有一种返璞归真的洞察。

对小狐狸来说，所有的鸡都是一样的，所有的人都是一样的，他和他们没有建立联系，他对他们没有任何感情。当小王子驯服了他，他们就建立了联系，他们会成为真正的朋友。

他会认出小王子的脚步声，"其他人的脚步声会让我躲到地下去，而你的脚步声会让我从地下走出来"。与小王子有关的一切都会变得意义非凡，"你看到那边的麦田没有……麦田也不会勾起我任何联想，这实在很可悲。但你有金黄色的头发，一旦你驯服了我，这就会十分美妙。麦子也是金黄色的，它就会让我想起你。而且，我也会爱上风吹麦浪的声响……"

驯服就是建立一种强的联系。爆竹响起的时候，我会想起你夹到我碗里的那口青菜；下雨的时候，我会想起你塞到我耳朵里的那首慢歌；扣子扣错的时候，我会想起你当时放肆的笑声；闻到粉笔灰的时候，我会想起你当年的苦口婆心。

在重要的关系里，我们对彼此都是特别的，我们曾经有过或者正在创造独家的记忆。

这些，群发的短信给不了。

我不再群发拜年短信了，我不是特立独行也不是愤世嫉俗，我只是怀念真的东西。